समकालीन उर्दू शायरी में ग़ज़ल का पर्याय बन चुके बशीर बद्र हमारे दौर के सर्वाधकि लोकप्रिय शायर हैं। पूरे संसार में जहाँ भी उर्दू और हिन्दी शायरी के पाठक या श्रोता हैं, वहाँ तक इनकी ख्याति चन्दन की ख़ुशबू की तरह फैली हुई है।

आम जीवन की छोटी-छोटी अनुभूतियों को काव्यत्मकता प्रदान करके उन्हें शे'र में ढाल देने की जो कला बशीर बद्र के पास है, वह सदियों में जाकर कहीं किसी को नसीब होती है। आम बोलचाल की सरल और सहज भाषा में अपनी सम्वेदनाओं को मार्मिक अभिव्यक्ति देने वाले बशीर बद्र अपना कोई सानी नहीं रखते।

'उजालों की परियाँ' और 'धूप का चेहरा' के बाद 'रोशनी के घरौंदे' बशीर बद्र की हृदयस्पर्शी ग़ज़लों का ऐसा संकलन है, जिसके एक-एक शे'र में पाठक को अपने दिल की आवाज़ सुनाई देगी।

रोशनी के घरौंदे

बशीर बद्र की ग़ज़लें

सम्पादक

सुरेश कुमार

लिप्यंतरण

सुनिज कुमार शर्मा

डायमंड बुक्स

www.diamondbook.in

प्रकाशक : डायमंड पॉकेट बुक्स (प्रा.) लि.
X-30 ओखला इंडस्ट्रियल एरिया, फेज–II
नई दिल्ली - 110 020
फोन : 011- 40712200
ई–मेल : sales@dpb.in
वेबसाइट : www.diamondbook.in

Roshni Ke Gharaunde
By : Bashir Badr Ki Ghazalen
Edited By: Suresh Kumar

प्राक्कथन

समकालीन उर्दू शायरी में ग़ज़ल का पर्याय बन चुके बशीर बद्र हमारे दौर के सर्वाधिक लोकप्रिय शायर हैं । पूरे संसार में जहाँ भी उर्दू और हिन्दी शायरी के पाठक या श्रोता हैं, वहाँ तक इनकी ख्याति चन्दन की खुशबू की तरह फैली हुई है ।

बशीर बद्र के दर्जनों शे'र जनसाधारण की ज़बान पर हैं । उजाले अपनी यादों के हमारे साथ रहने दो..., दुश्मनी जम कर करो लेकिन ये गुंजाइश रहे.. ., कोई हाथ भी न मिलायेगा जो गले मिलोगे तपाक से..., लोग टूट जाते हैं एक घर बनाने में..., न जी भर के देखा न कुछ बात की... जैसे अनेक शे'र जनसामन्य की धरोहर बन चुके हैं ।

आम जीवन की छोटी-छोटी अनुभूतियों को काव्यात्मकता प्रदान करके उन्हें शे'र में ढाल देने की जो कला बशीर बद्र के पास है वह सदियों में जाकर कहीं किसी को नसीब होती है ।

कभी-कभी तो छलक पड़ती हैं यूँ ही आँखें
उदास होने का कोई सबब नहीं होता

तेरी आँखों में ऐसा सँवर जाऊँ मैं
उम्रभर आइनों की ज़रूरत न हो

प्रेम और सौंदर्य बशीर बद्र के प्रिय विषय हैं, लेकिन ऐसा नहीं है कि आज की सामाजिक, राजनीतिक और आर्थिक विसंगतियों से वे निरपेक्ष हैं । वर्तमान व्यवस्था के प्रति उनका असंतोष जगह-जगह व्यक्त होता है, लेकिन अदब और शालीनता के साथ ।

मैं तमाम तारे उठा-उठा के ग़रीब लोगों में बाँट दूँ
कभी एक रात वो आसमाँ का निज़ाम दें मेरे हाथ में

आम बोलचाल की सरल और सहज भाषा में अपनी सम्वेदनाओं को मार्मिक अभिव्यक्ति देने वाले बशीर बद्र अपना कोई सानी नहीं रखते । उनके शे'रों में

प्रायः ऐसे शब्दों का इस्तेमाल मिलता है, जिन्हें साधारण-जन भी समझ सके। सादगी में पुरकारी पैदा करने का कमाल और उसमें अर्थ की गम्भीरता उत्पन्न करने का कौशल बशीर बद्र की अपनी निजी पहचान है।

सोये कहाँ थे आँखों ने तकिये भिगोये थे
हम भी कभी किसी के लिए खूब रोये थे

देने वाले ने दिया सब कुछ अलग अन्दाज़ से
सामने दुनिया पड़ी है और उठा सकते नहीं

यहाँ लिबास की कीमत है आदमी की नहीं
मुझे गिलास बड़े दे शराब कम कर दे

पिछले चार दशकों से बशीर बद्र ग़ज़लगो शायर के रूप में उर्दू अदब की दुनिया में छाये हुए हैं, आज हिन्दी के पाठकों और श्रोताओं के बीच भी वे बेहद लोकप्रिय और प्रतिष्ठित हैं। प्रख्यात उर्दू आलोचक और शायर डॉ० वज़ीर आग़ा ने कभी कहा था–'बशीर बद्र की ग़ज़ल में वो कसक पैदा हो गयी है, जिसके बग़ैर आला शायरी का तसव्वुर मुहाल है।' यही नहीं समकालीन ग़ज़ल के प्रतिष्ठित हस्ताक्षर मोहम्मद अलवी ने तो यहाँ तक कह दिया–'मैं ग़ज़ल में फ़िराक़ गोरखपुरी और नासिर काज़मी के बाद बशीर बद्र को ही मानता हूँ।' बशीर बद्र ने अपनी ग़ज़लों से जहाँ जनसाधारण को मंत्रमुग्ध किया है वहीं उर्दू साहित्य के मर्मज्ञों को भी प्रभावित किया है।

अस्तु, देवनागरी में **उजालों की परियाँ, धूप का चेहरा** के बाद **रोशनी के घरौंदे** बशीर बद्र की हृदयस्पर्शी ग़ज़लों का ऐसा संकलन है, जिसके एक-एक शे'र में पाठक को अपने दिल की आवाज़ सुनाई देगी।

सुरेश कुमार

107, ज्वालापुरी,
जी० टी० रोड, अलीगढ़-202001
सम्पर्क : (0571) 2760969
मोबाइल : 09997832816

अनुक्रम

मैं तमाम तारे उठा-उठा के
ग़रीब लोगों में बाँट दूँ
कभी एक रात वो आसमाँ
का निज़ाम दें मिरे हाथ में

– बशीर बद्र

(1)

ख़ानदानी रिश्तों में अक्सर रक़ाबत है बहुत
घर से निकलो तो ये दुनिया ख़ूबसूरत है बहुत

अपने कालेज में बहुत मग़रूर जो मशहूर है
दिल मिरा कहता है उस लड़की में चाहत है बहुत

उनके चेहरे चाँद-तारों की तरह रोशन हुए
जिन ग़रीबों के यहाँ हुस्न-ए-क़िफ़ायत[1] है बहुत

हम से हो सकती नहीं दुनिया की दुनियादारियाँ
इश्क़ की दीवार के साये में राहत है बहुत

धूप की चादर मिरे सूरज से कहना भेज दे
गुर्बतों का दौर है जाड़ों की शिद्दत[2] है बहुत

उन अँधेरों में जहाँ सहमी हुई थी ये ज़मीं
रात से तनहा लड़ा, जुगनू में हिम्मत है बहुत

1. पर्याप्त सौंदर्य 2. कष्ट

(2)

दरवाज़े की राख भी घर है, मुट्ठी में ये घर रखना
दिल इक पाकीज़ा[1] चादर है सर पर ये चादर रखना

जली हुई टूटी दीवारें मेरे ज़ख़्मी काँधे हैं
चाँदनी रात में छुप कर आना इन पर अपना सर रखना

जिस काग़ज़ पर हाल लिखूँगा वो काग़ज़ जल जायेगा
तितली पर तेज़ाब छिड़कना फूलों पर ख़ंजर रखना

संदल और सिंदूर से माँग में सदा रहे तारों की लड़ी
रहे कलाई यूँ ही खनकती, मालिक ये ज़ेवर रखना

इस धरती से प्यार किया था, प्यार किया है, प्यार करूँगा
मैं जब जाऊँ मेरे तन पर मिट्टी की चादर रखना

---

1. पवित्र

(3)

चाँद के चारों तरफ़ मैली रिदाएँ[1] साथ हैं
ख़ाक इतनी सर चढ़े किसकी हवाएँ साथ हैं

एक औरत से वफ़ा करने का ये तोहफ़ा मिला
जाने कितनी औरतों की बद्दुआएँ साथ हैं

उँगलियाँ मेरी सितारों तक पहुँच सकती नहीं
मुट्ठियों में जुगनुओं की बद्दुआएँ साथ हैं

दिन खिला है फूल-सा और रात भीगी आँख-सी
कोई मौसम हो यहाँ दोनों हवाएँ साथ हैं

मैं हूँ इक क़ागज़ का टुकड़ा जाने किस की खोज में
क्यों मिरे पीछे ज़माने की हवाएँ साथ हैं

---

1. चादरें

(4)

ऐसा नग़्मा है जिसमें सदा तक नहीं,
ऐसी आँधी हैं जिसमें हवा तक नहीं
ज़िन्दगी की तरह जाविदाँ[1], बेकराँ[2],
इतने मजबूर जितनी फ़ज़ा तक नहीं

चलते मज़मूनों के नोटिस और तर्जुमे[3],
उजले शोकेस में सज गये ठीक है
क्यों दुकानदार रक्खे किताब-ए-अदब[4]
जब उसे अब कोई पूछता तक नहीं

1. शाश्वत 2. असीम 3. अनुवाद 4. साहित्यिक पुस्तक

इक समन्दर के प्यासे किनारे थे हम,
अपना पैग़ाम लाती थी मौज-ए-रवाँ[1]
आज दो रेल की पटरियों की तरह
साथ चलना है और बोलना तक नहीं

लकड़ियों से तराशी हुई लड़कियाँ
टीन के नौजवाँ मुख़्तलिफ़ रंग में
दोस्त हैं दोस्ती से मगर बेख़बर
दुश्मन-ए-जाँ[2] हैं लेकिन ख़फ़ा तक नहीं

ज़ाफ़राँ[3] रंग के गेसुओं की घटा,
आसमाँ रंग के कोट पर छा गयी
नर्म यादों के उजले फ़रिश्तों के पर,
दूधिया ख़ामुशी और हवा तक नहीं

---

1. बहती हुई तरंगी 2. प्राणों के शत्रु 3. केसरिया

(5)

रोशनी के मुक़द्दर में नींदें कहाँ
चाँद में, ताक़ पर वो सजाएँ कहीं
हम चिराग़-ए-वफ़ा[1] जलना है रातभर
आसमान ताज़[2] में वो जलाएँ कहीं

दो भटकती हुई रूहें जैसे मिलीं
यूँ मिली वो निगाहें मगर ख़ौफ़ है
ज़ीस्त है रात में जंगलों का सफ़र
इस जनम में भी हम खो न जाएँ कहीं

शोहरतें मिस्ल-ए-मीनार-ए-अज़मत[3] हमें
आसमाँ की तरफ़ ले चली हैं मगर
जी में है सब्ज़ पैग़म्बरों की तरह
सीना-ए-संग[4] से सर उठाएँ कहीं

---

1. निष्ठा का दीपक 2. दौड़-भाग 3. प्रतिष्ठा की मीनार के समान 4. पत्थर का सीना

बर्फ़-सी उजली पोशाक पहने हुए,
पेड़ जैसे दुआओं में मसरूफ़[1] हैं
वादियाँ पाक मरियम का आँचल हुईं
आओ सिजदा करें सर झुकाएँ कहीं

कोई कत्बा[2] नहीं हैं सर-ए-राह हम
जिसपे अक़्वाल-ए-ज़र्री[3] बदलते रहो
हम तो आँसू हैं पलकों पे रख लो
हमें जब इशारा करो टूट जाएँ कहीं

अनकहे शे'र में वादी-ए-ज़ेह्न में
मुख़्तलिफ़ रंग के झिलमिलाते दीये
दस्त-ए-अल्फ़ाज़[4] महफ़ूज़[5] कर ले उन्हें
चल रही है हवा बुझ न जाएँ कहीं

---

1. व्यस्त 2. शिलालेख 3. किसी महान व्यक्ति के स्वर्ण वचन 4. शब्दों के हाथ
5. सुरक्षित

(6)

अदब की हद में हूँ मैं बेअदब नहीं होता
तुम्हारा तज़्किरा[1] अब रोज़-ओ-शब[2] नहीं होता

कभी-कभी तो छलक पड़ती हैं यूँही आँखें
उदास होने का कोई सबब नहीं होता

कई अमीरों की महरूमियाँ[3] न पूछ कि बस
ग़रीब होने का एहसास अब नहीं होता

मैं वालिदैन[4] को ये बात कैसे समझाऊँ
मोहब्बतों में हसब-ओ-नसब[5] नहीं होता

वहाँ के लोग बड़े दिलफ़रेब[6] होते हैं
मेरा बहकना भी कोई अजब नहीं होता

मैं इस ज़मीन का दीदार करना चाहता हूँ
जहाँ कभी भी खुदा का ग़ज़ब नहीं होता

---

1. चर्चा 2. दिन रात 3. असफलताएँ 4. माता-पिता 5. वंश और प्रतिष्ठा 6. मन को छलने वाले

(7)

मेरी यादों की इक-इक गली सो गयी,
मेरे ख़्वाबों के सारे मकाँ सो गये
दिल शब-ए-तार[1] की सल्तनत हो गया
जब से अश्कों के शहज़ादगाँ[2] सो गये

पत्थरों की ज़मीं, पत्थरों के शजर[3],
पत्थरों के मकाँ, पत्थरों के बशर
कब सवेरा हुआ हम किधर को चले
किस गली शाम आयी कहाँ सो गये

क्या हुआ आज क्यों ख़ैमा-ए-ज़ख़्म[4] से,
कजकुलाहान-ए-ग़म[5] फिर निकलने लगे
हम तो समझे थे अब शह्र-ए-दिल[6] मिट चुका
थक गये दर्द के कारवाँ सो गये

उसकी आमद पे दिल की तमन्नाओं ने,
रोशनी के घरौंदे बनाये बहुत
एक वो क्या गया सब दीये बुझ गये
आरज़ूओं के सारे मकाँ सो गये

---

1. अँधेरी रात 2. शहज़ादा का बहुवचन 3. वृक्ष 4. घाव का डेरा 5. पीड़ा के प्रेमपात्र 6. हृदय का नगर

(8)

उड़ते बादल बुजुर्गों की शफ़क़त[1] बने
धूप में लड़कियाँ मुस्कराती रहीं
जब से जाना कि अब कोई मंज़िल नहीं
मंज़िलें राह में आती-जाती रहीं

रात, परियाँ, फ़रिश्ते, हमारे बदन,
माँगकर बर्फ़ में जल रहे थे मगर
कुछ सबीहीं[2], किताबों के बुझते दीये
कागज़ी मक़बरों में जलाती रहीं

सारे दिन की तपी साहिली रेत पर
दो तड़पती हुई मछलियाँ सो गयीं
अपने मिलने की वो आख़िरी शाम थी
लहरें आती रहीं, लहरें जाती रहीं

1. आत्मीयता 2. धर्मग्रन्थ

नंगे पाँव फ़रिश्तों का इक तायफ़ा[1],
आसमाँ से ज़मीं पर उतरने लगा
सरबरहना[2] फ़लक ज़ादियाँ अर्श से
आँसुओं के सितारे गिराती रहीं

इक दरीचे[3] में दो आँसुओं का सफ़र,
रात के रास्तों की तरह खो गया
नर्म मिट्टी पे गिरती हुई पत्तियाँ,
सोने वालों को चादर उढ़ाती रहीं

1. दल 2. नंगे सिर 3. खिड़की

(9)

सादा वरक़ पे उभरेगा शायद क़लम का चाँद
शहर-ए-ग़ज़ल की रात है, याद-ए-सनम[1] का चाँद

दिल की रह-ए-हयात[2] में ये शोख़ तम्कनत[3]
लहरा रहा है तेज़ हवा में अलम[4] का चाँद

क्या ज़िन्दगी हमारी गली तक भी आयेगी
ये गेसुओं के फूल, ये नक़्श-ए-क़दम[5] का चाँद

इस बार तजुर्बों की रिदाएँ नज़र पे हैं
रोशन बहुत ज़ियादा था पिछले जनम का चाँद

आँखें न खोल देना अमावस की रात है
हाथों में ले के झूमा करो जाम-ए-जम[6] का चाँद

दरवाज़े शहर-ए-दर्द के खुलने दो दोस्तो
निकलेगा मुस्कराता हुआ शाम-ए-ग़म का चाँद

---

1. प्रेयसी की स्मृति 2. जीवन का मार्ग 3. अभिमान 4. ध्वजा 5. पदचिह्न 6. जमशेद (ईरान का एक शासक) का प्याला

(10)

तारों भरी पलकों की बरसायी हुई ग़ज़लें
है कौन पिरोये जो बिखरायी हुई ग़ज़लें

वो लब हैं कि दो मिसरे और दोनों बराबर के
ज़ुल्फ़ें कि दिल-ए-शायर[1] पे छायी हुई ग़ज़लें

ये फूल हैं या शे'रों ने सूरतें पायी हैं
शाखें हैं कि शबनम में नहलायी हुई ग़ज़लें

खुद अपनी ही आहट पे चौंके हों हिरन जैसे
यूँ राह में मिलती हैं घबरायी हुई ग़ज़लें

इन लफ़्ज़ों की चादर को सरकाओ तो देखोगे
एहसास के घूँघट में शरमायी हुई ग़ज़लें

उस जान-ए-तग़ज़्ज़ुल[2] ने जब भी कहा—कुछ कहिए
मैं भूल गया अक्सर याद आयी हुई ग़ज़लें

---

1. कवि का हृदय 2. ग़ज़ल के रंग की जान

(11)

मौसम की खुशबू में अक्सर ग़म की खुशबू मिल जाती है
आमों के बाग़ों में कैसे सावन-सावन बरसा आँसू

अपने बचपन का क़िस्सा है इक तस्वीर बनायी उसने
मेहँदी वाले हाथ रचे थे बीच हथेली टपका आँसू

इक गाँव में दो बारातें शायद दूल्हा बदल गया है
मेंरी आँख में तेरा आँसू तेरी आँख में मेरा आँसू

पास से देखो जुगनू आँसू, दूर से देखो तारा आँसू
मैं फूलों की सेज पे बैठा आधी रात का तनहा आँसू

मेरी इन आँखों ने अक्सर ग़म के दोनों पहलू देखे
ठहर गया तो पत्थर आँसू, बह निकला तो दरिया आँसू

प्यार अजीब तलवार है जिसपे हम दोनों के नाम लिखे हैं
टहनी-टहनी कलियाँ आँसू, पत्थर-पत्थर झरना आँसू

(12)

हँसी मासूम-सी बच्चों की कॉपी में इबारत-सी[1]
हिरन की पीठ पर बैठे परिन्दे की शरारत-सी

वो जैसे सर्दियों में गर्म कपड़े दे फ़क़ीरों को
लबों पे मुस्कराहट थी मगर कैसी हिक़ारत-सी

उदासी पतझड़ों की शाम ओढ़े रास्ता तकती
पहाड़ी पर हज़ारों साल की कोई इमारत-सी

सजाये बाज़ुओं पर बाज़ू वो मैदाँ में तनहा था
चमकती थी ये बस्ती धूप में ताराज-ओ-ग़ारत-सी[2]

मेरी आँखों, मेरे होंटों पे ये कैसी तमाज़त[3] है
कबूतर के परों की रेशमी उजली हरारत-सी

खिला दे फूल मेरे बाग़ में पैग़म्बरों जैसा
रक़म हो जिसकी पेशानी पे इक आयत बशारत-सी[4]

1. लेख-सी 2. विनष्ट और लुटी पिटी-सी 3. धूप की गर्मी 4. शुभ समाचार-सी

(13)

सँवार नोक पलक अब्रुओं[1] में ख़म कर दे
गिरे-पड़े हुए लफ़्ज़ों को मुहतरम[2] कर दे

गुरूर उसपे बहुत सजता है मगर कह दो
इसी में उसका भला है गुरूर कम कर दे

यहाँ लिबास की क़ीमत है आदमी की नहीं
मुझे गिलास बड़े दे शराब कम कर दे

चमकने वाली है तहरीर मेरी क़िस्मत की
कोई चिराग़ की लौ को ज़रा-सा कम कर दे

किसी ने चूम के आँखों को ये दुआ दी थी
ज़मीन तेरी ख़ुदा मोतियों से नम कर दे

1. भौंहों 2. प्रतिष्ठित

(14)

अँधेरे रास्तों में यूँ तिरी आँखें चमकती हैं
खुदा की बरकतें[1] जैसे पहाड़ों पर उतरती हैं

मोहब्बत क़रने वाले जब कभी आँसू बहाते हैं
दिलों के आईने धोती हुई पलकें सँवरती हैं

धुआँ-सी बदलियों को देखकर अक्सर वो कहती थी
हमेशा चाँदनी में बेवफ़ा रूहें भटकती हैं

हमारी ज़िन्दगी में फूल बनकर कोई आया था
उसी की याद में अब तक ये तहरीरें महकती हैं

मुझे लगता है दिल खिंचकर चला आता है हाथों पर
तुझे लिक्खूँ तो मेरी उँगलियाँ ऐसी धड़कती हैं

---

1. ईश्वर की ओर से गुप्त रूप में धन आदि की बढ़ोतरी

(15)

सुनसान रास्तों से सवारी न आयेगी
अब धूल से अटी हुई लारी न आयेगी

छप्पर के चायख़ाने भी अब ऊँघने लगे
पैदल चलो कि कोई सवारी न आयेगी

तहरीर-ए-गुफ़्तगू[1] में किसे ढूँढते हैं लोग
तस्वीर में भी शक्ल हमारी न आयेगी

सर पर ज़मीन ले के हवाओं के साथ जा
आहिस्ता चलने वाले की बारी न आयेगी

पहचान हमने अपनी मिटायी है इस तरह
बच्चों में कोई बात हमारी न जायेगी

1. बातचीत के दस्तावेज़

(16)

दिल में इक तस्वीर छुपी थी आन बसी है आँखों में
शायद हमने आज ग़ज़ल-सी बात लिखी है आँखों में

इस रूमाल को काम में लाओ अपनी आँखें साफ़ करो
मैला-मैला चाँद नहीं है धूल जमी है आँखों में

पढ़ता जा ये मंज़रनामा[1] ज़र्द अज़ीम[2] पहाड़ों का
धूप खुली पलकों के ऊपर बर्फ़ जमी है आँखों में

मैंने इक नाविल लिक्खा है आने वाली सुब्ह के नाम
कितनी रातों का जागा हूँ नींद भरी है आँखों में

---

1. दृश्य वृत्तांत 2. विशाल

(17)

इस तरह दुनिया मिली शिकवा-गिला कोई नहीं
मैं समझता था मिरा तेरे सिवा कोई नहीं

ख़त नहीं हूँ जिसपे तुम राहों की तफ़सीलें लिखो
उसके घर जाऊँगा मैं जिसका पता कोई नहीं

ऐसा लगता है कि तू मुझसे जुदा हो जायेगा
तेरे मेरे दरमियान अब फ़ासला कोई नहीं

अब तुम्हें सच्ची मोहब्बत का यक़ीं आ जायेगा
इस बड़े शहर-ए-वफ़ा[1] में बेवफ़ा कोई नहीं

मैं पयम्बर तो नहीं लेकिन मुझे एहसास है
इन बुरे लोगों में भी मुझसे बुरा कोई नहीं

1. निष्ठा का नगर

(18)

कुछ तो पास बचाकर रक्खो, सबकुछ कारोबार न जानो
दिल के दरवाज़े मत खोलो इस घर को बाज़ार न जानो

माना रस्ता बहुत कठिन है फिर भी सायादार शजर है
टहनी को तलवार न समझो आँचल को दीवार न जानो

सबकुछ उसको दे आया हूँ सबकुछ उससे ले आया हूँ
मेरी जीत को जीत न समझो मेरी हार को हार न जानो

दिनभर धूप में चलते-चलते हम दोनों की शाम हुई
थककर बाँहों में सो जाना ये जिस्मानी[1] प्यार न जानो

तितली के नाज़ुक पंखों पर आँसू की तहरीर ग़ज़ल है
लफ़्ज़ों की मीनाकारी को इलहामी[2] अश्आर न जानो

---

1. शारीरिक 2. जो ईश्वर की ओर से हृदय में उतरी हो

(19)

गुलाबों की तरह दिल अपना शबनम[1] में भिगोते हैं
मोहब्बत करने वाले ख़ूबसूरत लोग होते हैं

किसी ने जिस तरह अपने सितारों को सजाया है
ग़ज़ल के रेशमी धागों में यूँ मोती पिरोते हैं

पुराने मौसमों के नाम-नामी मिटते जाते हैं
कहीं पानी, कहीं शबनम, कहीं आँसू से धोते हैं

यही अन्दाज़ है मेरा समन्दर फ़त्ह करने का
मिरी काग़ज़ की कश्ती में कई जुगनू भी होते हैं

सुना है बद्र साहब महफ़िलों की जान होते हैं
बहुत दिन से वो पत्थर हैं न हँसते हैं न रोते हैं

1. ओस

(20)

इक शह्र था ख़राब जहाँ कोई भी न था
हम लौट आये हम-सा वहाँ कोई भी न था

लौ की तरह चिराग़ का क़ैदी नहीं हूँ मैं
अच्छा हुआ कि अपना मकाँ कोई भी न था

दिल पर जमी थीं गर्द-ए-सफ़र[1] की कई तहें
काग़ज़ पे उँगलियों का निशाँ कोई भी न था

वो महफ़िलों की जान है दुनिया के वास्ते
मुझसे वहाँ मिला है जहाँ कोई भी न था

सन्नाटे आये दरजों में झाँक कर चले गये
गर्मी की छुट्टियाँ थीं वहाँ कोई भी न था

---

1. यात्रा की धूल

(21)

हर बात में महके हुए जज़्बात की खुशबू
याद आयी बहुत पहली मुलाक़ात की खुशबू

छुप-छुप के नयी सुब्ह का मुँह चूम रही है
उन रेशमी ज़ुल्फ़ों में बसी रात की खुशबू

मौसम भी हसीनों की अदा सीख गये हैं
बादल हैं छुपाये हुए बरसात की खुशबू

घर कितने ही छोटे हों घने पेड़ मिलेंगे
शह्रों से अलग होते ही क़स्बात[1] की खुशबू

होंटों पे अभी फूल की पत्ती की महक है
साँसों में रची है तिरी सौग़ात की खुशबू

---

1. क़स्बों

(22)

वो महकती पलकों की ओट से
कोई तारा चमका था रात में
मिरी बन्द मुट्ठी न खोलिए
वही कोहिनूर है हाथ में

मैं तमाम तारे उठा–उठा के
ग़रीब लोगों में बाँट दूँ
कभी एक रात वो आसमाँ
का निज़ाम दे मिरे हाथ में

अभी शाम तक मिरे बाग़ में
कहीं कोई फूल खिला न था
मुझे खुशबुओं में बसा गया
तिरा प्यार एक ही रात में

तिरे साथ इतने बहुत-से दिन
तो पलक झपकते गुज़र गये
हुई शाम खेल ही खेल में
गयी रात बात ही बात में

कोई इश्क़ है कि अकेला
रेत की शाल ओढ़ के चल दिया
कभी बाल-बच्चों के साथ आ,
ये पड़ाव लगता है रात में

कभी सात रंगों का फूल हूँ
कभी धूप हूँ कभी धूल हूँ
मैं तमाम कपड़े बदल चुका
तिरे मौसमों की बरात में

(23)

ख़ाक जब ख़ाकसार[1] लगती है
किस क़दर बावकार[2] लगती है

ख़ून, पानी बनाके पीती है
धूप सरमायादार लगती है

सब्र कर, सब्र करने वालों की
बेबसी शानदार लगती है

अब बुझा दो हमारी आँखें भी
रोशनी नागवार लगती है

1. विनम्र 2. प्रतिष्ठित

रतजगों की बड़ी हवेली अब
जंगलों का मज़ार लगती है

आजकल मेरे पाँव के नीचे
कोई शै जानदार लगती है

सिर्फ़ अख़बार पढ़ने वालों को
ज़िन्दगी इश्तिहार लगती है

गर्म मौसम में गर्म चाय भी
बदमिजाज़ों[1] का प्यार लगती है

1. चिड़चिड़े स्वभाव वाला

(24)

सोये कहाँ थे आँखों ने तकिये भिगोये थे
हम भी कभी किसी के लिए ख़ूब रोये थे

अँगनाई में खड़े हुए बेरी के पेड़ से
वो लोग चलते वक़्त गले मिलके रोये थे

हर साल ज़र्द फूलों का इक क़ाफ़िला रुका
उसने जहाँ पे धूल अटे पाँव धोये थे

उस हादिसे से मेरा तअल्लुक़ नहीं कोई
मेले में एक साल कई बच्चे खोये थे

आँखों की कश्तियों में सफ़र कर रहे हैं वो
जिन दोस्तों ने दिल के सफ़ीने[1] डुबोये थे

कल रात मैं था मेरे अलावा कोई न था
शैतान मर गया था फ़रिश्ते भी सोये थे

1. नावें

(25)

आँसुओं के साथ सबकुछ बह गया
दिल में सन्नाटा-सा बाक़ी रह गया

छोड़ आया हूँ ज़मीन-ओ-आसमाँ
फ़ासिला अब और कितना रह गया

रफ़्ता-रफ़्ता बुझ गये सारे चिराग़
एक चेहरा झिलमिलाता रह गया

बस्तियाँ धुँधला गयीं, फिर खो गयीं
रोशनी का शह्‌र पीछे रह गया

(26)

पत्तों का दुख खोज रहे हो उड़ने वाले पंछी में
आँसू तो पलभर का मुसाफ़िर पलकों की इस कश्ती में

हर चेहरे में तेरा चेहरा ढूँढ के तुझको खो बैठे
घर का रस्ता भूल गये हम घर आने की जल्दी में

इक-इक घर का नाम और नम्बर पूछ के दिन भी डूब चला
बेलों के साये के पीछे शाम खड़ी थी खिड़की में

वो तितली थी दीये की लौ को फूल समझकर बैठ गयी
जब चाँदी-से बाल नज़र आये बच्ची को कंघी में

वो अनपढ़ था फिर भी उसने पढ़े-लिखे लोगों से कहा
इक तस्वीर कई ख़त भी हैं साहब आप की रद्दी में

बेमौसम आँखों की बदली हमको नहीं अच्छी लगती है
धुआँ-धुआँ घर हो जाता है सावन की गीली लकड़ी में

आ मेरे सीने पर सर रख अपने कान से सुन पगली
मेरे भगवन बोल रहे हैं, मन-मन्दिर की घंटी में

(27)

शाम आँखों में, आँख पानी में
और पानी सराए-फ़ानी[1] में

झिलमिलाते हैं कश्तियों में दीए
पुल खड़े सो रहे हैं पानी में

ख़ाक हो जायेगी ज़मीन इक दिन
आसमानों की आसमानी में

वो हवा है उसे कहाँ ढूँढूँ
आग में, ख़ाक में, कि पानी में

आ पहाड़ों की तरह सामने आ
इन दिनों मैं भी हूँ रवानी[2] में

1. मर्त्यलोक 2. प्रवाह

(28)

रातों के मुसाफ़िर हो अँधेरों में रहोगे
जुगनू की तरह दिन में जलोगे न बुझोगे

सबलोग ये कहते हैं कि तुम लौट गये हो
तुम साथ थे, तुम साथ हो, तुम साथ रहोगे

क्या अनकही ग़ज़लों की किताबें हैं वो आँखें
जब पढ़ नहीं सकते हो तो क्या ख़ाक लिखोगे

खुशबू की हवेली है मिरे दिल की ज़मीं पर
वादा करो इक रोज़ मिरे साथ चलोगे

दिल्ली हो कि लाहौर, कोई फ़र्क़ नहीं है
सच बोलो कि हर शहर में ऐसे ही रहोगे

(29)

राहों में कौन आया गया कुछ पता नहीं
उसको तलाश करते रहे जो मिला नहीं

बेआस खिड़कियों में सितारे उदास हैं
आँखों में आज नींद का कोसों पता नहीं

मैं चुप रहा तो और ग़लतफ़हमियाँ बढ़ीं
वो भी सुना है उसने जो मैंने कहा नहीं

दिल में इसी तरह से है बचपन की एक याद
शायद अभी कली को हवा ने छुआ नहीं

चेहरे पे आँसुओं ने लिखी हैं कहानियाँ
आईना देखने का मुझे हौसला नहीं

(30)

उसकी आँखों-सा उसके गेसू-सा[1]
मेरा सारा कलाम ख़ुशबू-सा

मेरी पलकों पे झिलमिलाता है
रातभर एक नाम जुगनू-सा

कितनी मुद्दत के बाद तुझसे मिले
मुस्कराता है प्यार आँसू-सा

आज वादा किसी का टूट गया
रेशमी तितलियों के बाज़ू-सा

रोज़ तनहाइयों में इक चेहरा
तोलता है मुझे तराज़ू-सा

1. अलकों-सा

(31)

घर से निकले अगर हम बहक जायेंगे
वो गुलाबी कटोरे छलक जायेंगे

हमने अल्फ़ाज़[1] को आईना कर दिया
छिपने वाले ग़ज़ल में चमक जायेंगे

दुश्मनी का सफ़र इक क़दम दो क़दम
तुम भी थक जाओगे हम भी थक जायेंगे

रफ़्ता-रफ़्ता हर इक ज़ख़्म भर जायेगा
सब निशानात फूलों से ढक जायेंगे

नाम पानी पे लिखने से क्या फ़ायदा
लिखते-लिखते तिरे हाथ थक जायेंगे

ये परिन्दे भी खेतों के मज़दूर हैं
लौट के अपने घर शाम तक जायेंगे

दिन में परियों की कोई कहानी न सुन
जंगलों में मुसाफ़िर भटक जायेंगे

1. शब्दों

(32)

सवेरे सितारों की शबनम[1] कहाँ
ज़रा देर में तुम कहाँ हम कहाँ

उदासी के सावन बरस दो बरस
जवानी गयी फिर ये मौसम कहाँ

मुसाफ़िर को आँगन के फूलों से क्या
हवा की हथेली पे शबनम कहाँ

हमारा बदन धूप का बाग़ है
यहाँ चाँदनी और शबनम कहाँ

शिकस्तों के डेरे मुँडेरों पर हैं
हमारी फ़सीलों पे परचम कहाँ

---

1. ओस

(33)

फ़न अगर रूह-ओ-दिल[1] की रियाज़त[2] न हो
ऐसी मस्जिद है जिसमें इबादत न हो

तेरी आँखों में ऐसा सँवर जाऊँ मैं
उम्रभर आईनों की ज़रूरत न हो

किसको नीलाम करते हो बाज़ार में
ये किसी घर के मन्दिर की मूरत न हो

दिलनवाज़ी[3] के फ़न जानना चाहिए
हुस्न चाहे बहुत ख़ूबसूरत न हो

दिन तो निकला ख़रीदा हुआ आदमी
ऐ खुदा रात भी सबकी औरत न हो

छप्परों पर दीये रख गयी है हवा
ताकि फिर रोशनी की शिकायत न हो

---

1. आत्मा और हृदय 2. तपस्या 3. मैत्री

(34)

मैकदा[1] रात ग़म का घर निकला
दिल हवेली तले खण्डर निकला

मैं उसे ढूँढता था आँखों में
फूल बनकर वो शाख़ पर निकला

किसके साये में सर छुपाओगे
वो शजर, धूप का शजर निकला

उसका आँचल भी कोई बादल था
वो हवाओं का हमसफ़र निकला

कोई कागज़ न था लिफ़ाफ़े में
सिर्फ़ तितली का एक पर निकला

जब से जाना कि वो बहादुर हैं
दिल से कुछ दुश्मनों का डर निकला

ज़िन्दगी इक फ़कीर की चादर
जब ढके पाँव हमने, सर निकला

---

1. मदिरालय

(35)

उसे फ़न नहीं पर्दा-ए-फ़न[1] कहो
ग़ज़ल को चिराग़ों की चिलमन कहो

उन्हीं में सँवरते रहो उम्रभर
सदा मेरी आँखों को दरपन कहो

वो जब चाहे सरसब्ज़[2] कर दे मुझे
मिरे वास्ते उसको सावन कहो

क़दम चाँद-से मेरे दिल पर रखो
उसे भी कभी घर का आँगन कहो

जवाँ हो के मिल जायेंगे ख़ाक में
गुलों को शहीदों का बचपन कहो

कई बाग़ हैं इस ज़मीं के तले
मिरे दिल को यादों का मदफ़न[3] कहो

सितारों के धब्बे खुला आसमाँ
उसे भी शराबी का दामन कहो

---

1. कला का घूँघट 2. हरा-भरा 3. समाधि

(36)

तमाम आग है दिल राह ख़ार-ओ-ख़स[1] की नहीं
यही गली है जहाँ सल्तनत हविस की नहीं

वो सबके सामने बाँहों में आके खो जाना
फ़रिश्तों जैसी ये मासूमियत हविस की नहीं

बस एक शाम की लज़्ज़त[2] बहुत ग़नीमत जान
अज़ीम पाक मोहब्बत, हर इक के बस की नहीं

था एक शख़्स, हर इक शख़्स उस पे आशिक था
ये बात कल की है, दो, चार, दस बरस की नहीं

निसाब[3] दिल का कहाँ रख दिया क्लासों में
ग़ज़ल की आग है ये काग़ज़ों के बस की नहीं

1. घास-फूस 2. आनन्द 3. पाठ्यक्रम

(37)

यूँ दिल को गुदगुदाया, हर ग़म जगा दिया है
उसने हँसी-हँसी में हमको रुला दिया है

पूछा बहुत जो हमने किस ओर अब मिलोगे
चुटकी में रेत लेकर उसने उड़ा दिया है

कल शब अजब हवा थी बुझते दिये की लौ में
वो आँसुओं का काग़ज़ हमने जला दिया है

रोशन थे रात हमसे ख़ैमे मुसाफ़िरों के
दिन के सफ़र में सब ने हमको भुला दिया है

जब काग़ज़ों पे दिल की क़ीमत लिखी हुई थी
इन दीमकों को किसने उनका पता दिया है

(38)

शाम के पेड़ की सुरमई शाख़ पर
पत्तियों में छुपा कोई जुगनू भी है
साहिलों पर पड़ी सीपियों में कहीं
झिलमिलाता हुआ एक आँसू भी है

आँधियाँ राख के ढेर लेती गयीं,
चमकीं चिंगारियाँ कोंपलों की तरह
इन दिनों ज़िन्दगी फिर हमारे लिए
सुब्ह आरिज़[1] भी है शाम गेसू भी है

इस पहाड़ी इलाक़े में इक गाँव के
मोड़ पर आती-जाती बसों के लिए
दो दरख़्तों की मुशफ़िक़[2] घनी छाँव में
गर्म चाय की मानूस[3] ख़ुशबू भी है

---

1. कपोल 2. दयालु 3. प्रेम करने वाली

इन नहाते परिन्दों के हमराह अब
मैं भी आकाश सर पर उठा लाऊँगा
नद्दियों में नहाकर थकन धुल गयी
कुछ दरख़्तों की बाँहों का जादू भी है

मेरे दुश्मन मेरी जुस्तजू में अभी
इस कमींगाह[1] को आग दिखलायेंगे
अब ये बेहतर है मैं ख़ुद ही आगे बढ़ूँ
झाड़ियों में यहाँ एक आहू[2] भी है

1. शिकार की ताक में छिपकर बैठने का स्थान 2. हिरन

(39)

रेशम की चादर ओढ़ी पगड़ी बाँधी
दामन में दरवाज़े की मिट्टी बाँधी

रेल की पटरी पर मेरी शोहरत रख दी
बस के पहियों से रोज़ी-रोटी बाँधी

पलकों में झिलमिल-झिलमिल सावन बरसा
मौसम ने बादल जैसी सारी बाँधी

इस तुलसी से उनका रिश्ता था कोई
आँचल में उसने सूखी पत्ती बाँधी

पहले से कुछ साफ़ नज़र आयी दुनिया
जब से हमने आँखों पर पट्टी बाँधी

(40)

दिल पे छाया रहा उसीकी तरह
एक लम्हा था सौ बरस की तरह

वो मोहब्बत की तरह पिघलेगी
मैं भी मर जाऊँगा हवस की तरह

रात, सर पर लिए हूँ जंगल में
रास्ते की ख़राब बस की तरह

आत्मा बेज़बान मैना है
और माटी का तन क़फ़स[1] की तरह

ख़ानक़ाहों[2] में ख़ाक उड़ती है
उर्दू वालों के कैम्पस की तरह

मौत की वादियों से गुज़रूँगा
मैं पहाड़ों की एक बस की तरह

---

1. पिंजड़ा 2. आश्रमों

(41)

वो शायद दिलों को धड़कने न देंगे
गुलों से महकने का हक़ छीन लेंगे

हमारे दिलों के दीये बुझ चुके हैं
हम आँखों की तहरीर कैसे पढ़ेंगे

हमारे बदन भी हमारे नहीं हैं
उसे छू के महसूस कैसे करेंगे

लहू का समन्दर है पलकों के पीछे
ये रोशन जज़ीरे[1] लरज़ते रहेंगे

---

1. द्वीप समूह

सुनहरे-सुनहरे परों वाले बादल
खुले गेसुओं की महक ले उड़ेंगे

कभी सब्ज़ सावन, कभी ज़र्द[1] जाड़े
दरख़्तों के कपड़े बदलते रहेंगे

जिन्हें रोशनी का बदन ओढ़ना है
वो कुहरे की चादर लपेटे मिलेंगे

वसीला है इन्सान राज़िक़[2] ख़ुदा है
जो दर बन्द होंगे दरीचे खुलेंगे

अज़ल[3] से अबद[4] तक सफ़र ही सफ़र है
मुसाफ़िर हैं सबलोग चलते रहेंगे

1. पीला 2. अन्नदाता 3. अनादि काल 4. अनंत काल

(42)

ये चिराग़ बेनज़र है, ये सितारा बेज़बाँ है
अभी तुझसे मिलता-जुलता कोई दूसरा कहाँ है

वही शख़्स जिसपे अपने दिल-ओ-जाँ निसार कर दूँ
वो अगर ख़फ़ा नहीं है तो ज़रूर बदगुमाँ[1] है

कभी पाके तुझको खोना, कभी खोके तुझको पाना
ये जनम-जनम का रिश्ता तिरे मेरे दरमियाँ है

मिरे साथ चलने वाले तुझे क्या मिला सफ़र में
वही दुख भरी ज़मीं है वही ग़म का आसमाँ है

मैं इसी गुमाँ में बरसों बड़ा मुतमइन[2] रहा हूँ
तिरा जिस्म बेतगय्युर[3], मिरा प्यार जाविदाँ है

उन्हीं रास्तों ने जिन पर कभी तुम थे साथ मेरे
मुझे रोक-रोक पूछा-तिरा हमसफ़र कहाँ है

---

1. कुधारणा रखने वाला 2. संतुष्ट

(43)

इक चाँद है खोया-खोया-सा सूनी छत पर तनहा-तनहा
मैं भी हूँ इधर तनहा-तनहा, वो भी है उधर तनहा-तनहा

दिल की तनहाई और बढ़ी मेहमानों के आ जाने से
इक तेरे आज न आने से लगता है घर तनहा-तनहा

मुद्दत से रेत के सहरा में आया न गया बादल कोई
किस देश गये सारे पंछी सूखा है शजर तनहा-तनहा

मुरझाये हुए चेहरे पे हँसी जब आयी मुझको याद आया
भूली-भटकी शहज़ादी का जंगल में सफ़र तनहा-तनहा

नर्गिस के फूलों में छिपकर परियों की आँखें रोती हैं
यूँ रात-बिरात अकेले में जाओ न उधर तनहा-तनहा

(44)

फ़क़ीर आईना है, पर्दा-ए-ख़याल[1] नहीं
मिरे बदन पे किसी मस्लहत[2] की शाल नहीं

ये लोग जीते हैं ख़ुशफ़हमियों की क़ब्रों में
वतनपरस्ती की इससे बड़ी मिसाल नहीं

ज़मीन माँ भी है, महबूब भी है, बेटी भी
ज़मीन छोड़ के जाऊँ कोई सवाल नहीं

कहानियों का मुक़द्दर वही अधूरापन
कहीं फ़िराक़[3] नहीं है, कहीं विसाल[4] नहीं

बहुत उदास रही ज़िन्दगी तुम्हारे बाद
ख़याल था कि तुम्हें भूलना मुहाल[5] नहीं

---

1. विचारों की आड़ 2. भलाई 3. विरह 4. मिलन 5. कठिन

(45)

मेरा उससे वादा था घर रहने का
अपनी छत के नीचे दुख-सुख सहने का

बारिश-बारिश कच्ची क़ब्र का धुलना है
जाँलेवा एहसास अकेले रहने का

अब के आँसू आँखों से दिल में उतरे
रुख़ बदला दरिया ने कैसा बहने का

हिज्र-ओ-विसाल[1] के सारे क़िस्से झूठे हैं
हक़ मिलता है किसको अपना कहने का

जगमग-जगमग हीरे जैसी आँखों में
एक अजीब गुबार हवेली ढहने का

---

1. विरह और मिलन

(46)

शबनम के आँसू फूल पर ये तो वही क़िस्सा हुआ
आँखें मिरी भीगी हुई चेहरा तिरा उतरा हुआ

अब इन दिनों मेरी ग़ज़ल खुशबू की एक तस्वीर है
हर लफ़्ज़ गुंचे की तरह खिलकर तिरा चेहरा हुआ

शायद उसे भी ले गये अच्छे दिनों के क़ाफ़िले
इस बाग़ में इक फूल था तेरी तरह हँसता हुआ

हर चीज़ है बाज़ार में इस हाथ दे, उस हाथ ले
इज़्ज़त गयी, शोहरत मिली, रुसवा[1] हुए, चर्चा हुआ

मन्दिर गये, मस्जिद गये, पीरों, फ़क़ीरों से मिले
इक उसको पाने के लिए क्या-क्या किया, क्या-क्या हुआ

अनमोल मोती प्यार के दुनिया चुराकर ले गयी
दिल की हवेली का कोई दरवाज़ा था टूटा हुआ

बरसात में दीवार-ओ-दर की सारी तहरीरें मिटीं
धोया बहुत मिटता नहीं तक़दीर का लिक्खा हुआ

1. निन्दित

(47)

चरवाहा भेड़ों को लेकर घर-घर आया रात हुई
तू पंछी, दिल तेरा पिंजरा, पिंजरे में जा रात हुई

कोई हमें हाथों पे उठाकर बिस्तर में रख देता है
दुनिया वाले ये कहते हैं सूरज डूबा रात हुई

शहर मकाँ दुकानों वाले सब पर्दे किरनों ने लपेटे
ख़त्म हुआ सब खेल-तमाशा जा अब घर जा रात हुई

सुर्ख़ सुनहरा साफ़ा बाँधे शहज़ादा घोड़े से उतरा
काले ग़ार[1] से कम्बल ओढ़े जोगी निकला रात हुई

शाम के साये ज़िन्दाँ[2] की दीवारें ऊँची करने लगे
फूल-सा दिल लोहे के नेजे में फिर आया रात हुई

किस की ख़ातिर धूप के गजरे इन शाख़ों ने पहने थे
जंगल-जंगल रोये मेरा कोई न आया, रात हुई

---

1. पहाड़ की कंदरा 2. कारागार

(48)

खुद अपने आप से शर्मिन्दगी-सी होती है
कभी-कभी तो बड़ी बेदिली-सी होती है

सुलगती धूप घनी चाँदनी-सी होती है
तुम्हारे साथ ये दुनिया नयी-सी होती है

गले में उसके खुदा की अजीब बरकत है
वो बोलता है तो इक रोशनी-सी होती है

वो गुनगुनाता है बेले के फूल खिलते हैं
तमाम घर में बिछी चाँदनी-सी होती है

किरन निकलने से पहले गुलाब देखे हैं
तुम्हारी याद में वो ताज़गी-सी होती है

वो मुस्कराती हुई धूप जैसी आँखों में
घनेरी पलकों के पीछे नमी-सी होती है

मिरी ग़ज़ल किसी पर्दानशीं[1] का क़िस्सा है
अगर सुनाऊँ तो बेपर्दगी-सी होती है

मैं बोलता हूँ तो इल्ज़ाम है बग़ावत का
मैं चुप रहूँ तो बड़ी बेबसी-सी होती है

1. पर्दे में रहने वाली स्त्री

(49)

उसकी चाहत की चाँदनी होगी
ख़ूबसूरत-सी ज़िन्दगी होगी

एक लड़की बहुत से फूल लिए
दिल की दहलीज़ पर खड़ी होगी

चाहे जितने चिराग़ गुल कर दो
इस नगर में तो रोशनी होगी

नींद तरसेगी मेरी आँखों को
जब भी ख़्वाबों से दोस्ती होगी

हम बहुत दूर थे मगर तुमने
दिल की आवाज़ तो सुनी होगी

सोचता हूँ कि वो कहाँ होगा
किसके आँगन में चाँदनी होगी

(50)

साथ चलते जा रहे हैं पास आ सकते नहीं
इक नदी के दो किनारों को मिला सकते नहीं

देने वाले ने दिया सबकुछ अलग अन्दाज़ से
सामने दुनिया पड़ी है और उठा सकते नहीं

उसकी भी मजबूरियाँ हैं, मेरी भी मजबूरियाँ
रोज़ मिलते हैं मगर घर में बता सकते नहीं

किसने किसका नाम ईंटों पर लिखा है खून से
इश्तिहारों से ये दीवारें छुपा सकते नहीं

राज़ जब सीने से बाहर हो गया अपना कहाँ
रेत पर बिखरे हुए आँसू उठा सकते नहीं

आदमी क्या है गुज़रते वक़्त की तस्वीर है
जाने वाले को सदा देकर बुला सकते नहीं

शह्र में रहते हुए हमको ज़माना हो गया
कौन रहता है कहाँ कुछ भी बता सकते नहीं

उसकी यादों से महकने लगता है सारा बदन
प्यार की ख़ुशबू को सीने में छुपा सकते नहीं

पत्थरों के बर्तनों को आँसुओं में क्या रखें
फूल को लफ़्ज़ों के गमलों में सजा सकते नहीं

(51)

मेरे साथ तुम भी दुआ करो यूँ किसी के हक़ में बुरा न हो
कहीं और हो न ये हादिसा, कोई रास्ते में ख़ुदा न हो

सर-ए-शाम ठहरी हुई ज़मीं जहाँ आसमाँ है झुका हुआ
इसी मोड़ पर मिरे वास्ते वो चिराग़ ले के खड़ा न हो

मेरी छत से रात की सेज तक कोई आँसुओं की लकीर है
ज़रा बढ़ के चाँद से पूछना वो इसी तरफ़ से गया न हो

मुझे यूँ लगा कि ख़मोश ख़ुशबू के होंट तितली ने छू लिये
उन्हीं ज़र्द पत्तों की ओट में कोई फूल सोया हुआ न हो

इसी एहतियात में वो रहा, इसी एहतियात में मैं रहा
वो कहाँ-कहाँ मेरे साथ है किसी और को ये पता न हो

वो फ़रिश्ते आप तलाश करिये कहानियों की किताब में
जो बुरा कहें न बुरा सुनें, कोई शख़्स उनसे ख़फ़ा न हो

वो फ़िराक़ हो कि विसाल हो तिरी आग महकेगी एक दिन
वो गुलाब बनके खिलेगा क्या, जो चिराग़ बनके जला न हो

(52)

ख़्वाब की वादियों से निकलता हुआ
चाँद सोकर उठा आँख मलता हुआ

हाथ पर धूप की पत्तियाँ रख गया
कोई फूलों की चादर बदलता हुआ

शीश-महलों के शीशों से टकरा गया
पत्थरों से उतरता सँभलता हुआ

शाम तक होगा सूरज हमारी तरह
कोई सूखा हुआ पेड़ जलता हुआ

एक आहट-सी नज़दीक आती हुई
लॉन में शाम का फूल खिलता हुआ

मैं भी आ ही गया तेरे बाज़ार तक
रोज़ चेहरे पे चेहरा बदलता हुआ

(53)

शे'र मेरे कहाँ थे किसी के लिए
मैंने सबकुछ लिखा है तुम्हारे लिए

अपने दुख-सुख बहुत ख़ूबसूरत रहे
हम जिये भी तो इक दूसरे के लिए

हमसफ़र ने मेरा साथ छोड़ा नहीं
अपने आँसू दिए रास्ते के लिए

इस हवेली में अब कोई रहता नहीं
चाँद निकला किसे देखने के लिए

ज़िन्दगी और मैं दो अलग तो नहीं
मैंने सब फूल-काँटे इसी से लिए

शह्र में अब मिरा कोई दुश्मन नहीं
सबको अपना लिया मैंने तेरे लिए

ज़ेह्न में तितलियाँ उड़ रही हैं बहुत
कोई धागा नहीं बाँधने के लिए

एक तस्वीर ग़ज़लों में ऐसी बनी
अगले-पिछले ज़मानों के चेहरे लिए

(54)

तलवार से काटा है फूलों भरी डालों को
दुनिया ने नहीं चाहा हम चाहनेवालों को

मैं आग था फूलों में तब्दील[1] हुआ कैसे
बच्चों की तरह चूमा उसने मिरे गालों को

अख़्लाक़[2], वफ़ा, चाहत सब क़ीमती कपड़े हैं
हर रोज़ न ओढ़ाकर इन रेशमी शालों को

बरसात का मौसम तो लहराने का मौसम है
उड़ने दो हवाओं में बिखरे हुए बालों को

चिड़ियों के लिए चावल, पौधों के लिए पानी
थोड़ी-सी मोहब्बत दे हम चाहनेवालों को

अब राख बटोरेंगे अल्फ़ाज़ के सौदागर
मैं आग पे रख दूँगा नायाब रिसालों[3] को

मौला मुझे पानी दे, मैंने नहीं माँगा था
चाँदी की सुराही को, सोने के पियालों को

1. परिवर्तित 2. शिष्टाचार 3. पत्रिकाओं

(55)

मोहब्बत से, इनायत से, वफ़ा से, चोट लगती है
बिखरता फूल हूँ मुझको हवा से चोट लगती है

मिरी आँखों में आँसू की तरह इक रात आ जाओ
तकल्लुफ़ से, बनावट से, अदा से, चोट लगती है

में शबनम की ज़बाँ से फूल की आवाज़ सुनता हूँ
अजब एहसास है अपना सदा से चोट लगती है

तुझे खुद अपनी मजबूरी का अन्दाज़ा नहीं शायद
न कर अह्द-ए-वफ़ा[1], अह्द-ए-वफ़ा से चोट लगती है

---

1. निष्ठा की प्रतिज्ञा

(56)

सभी से इन दिनों रूठा हुआ-सा लगता हूँ
मैं अपने आप को अब बेवफ़ा-सा लगता हूँ

तमाम रात मैं गिरती हुई हवेली में
दिलों से निकली हुई बद्दुआ-सा लगता हूँ

मैं वो ख़ज़ाना हूँ हक़दार जिसकी दुनिया है
हज़ार हिस्सों में बाँटा हुआ-सा लगता हूँ

मिरी तलाश बदस्तूर अब भी जारी है
वो मिल गया है, मैं खोया हुआ-सा लगता हूँ

मिरी हँसी से उदासी के फूल खिलते हैं
मैं सब के साथ हूँ लेकिन जुदा-सा लगता हूँ

चमक रहा था वो चेहरा किसी की आँखों में
मैं आईने में कोई दूसरा-सा लगता हूँ

तमाम रात बरसती है रेत पर शबनम
मैं अपने चाँद से जब भी ख़फ़ा-सा लगता हूँ

(57)

सबकुछ ख़ाक हुआ है लेकिन चेहरा क्या नूरानी[1] है
पत्थर नीचे बैठ गया है ऊपर बहता पानी है

बचपन से मेरी आदत है फूल छुपाकर रखता हूँ
हाथों में जलता सूरज है दिल में रात की रानी है

दफ़्न हुए रातों के क़िस्से इक छत की ख़ामोशी में
सन्नाटों की चादर ओढ़े ये दीवार पुरानी है

उसको पाकर इतराओगे खोकर जान गँवा दोगे
बादल का साया है दुनिया, हर शै आनी-जानी है

दिल अपना इक चाँद नगर है अच्छी सूरत वालों का
शह्र में आकर शायद हमको ये जागीर गँवानी है

तेरे बदन पर मैं फूलों से उस लम्हे का नाम लिखूँ
जिस लम्हे का मैं अफ़साना, तू भी एक कहानी है

1. प्रकाशमान

(58)

कभी यूँ मिलें कोई मस्लहत
कोई ख़ौफ़ दिल में ज़रा न हो
मुझे अपनी कोई ख़बर न हो
तुझे अपना कोई पता न हो

कभी धूप दे कभी बदलियाँ
दिल-ओ-जाँ से दोनों क़बूल हैं
मगर उस महल में न क़ैद कर
जहाँ ज़िन्दगी की हवा न हो

वो हज़ार बाग़ों का बाग़ हो
तिरी बरकतों की बहार से
जहाँ कोई शाख़ हरी न हो
जहाँ कोई फूल खिला न हो

तिरे इख़्तियार में क्या नहीं
मुझे इस तरह से नवाज़ दे
यूँ दुआएँ मेरी क़बूल हों
मिरे लब पे कोई दुआ न हो

कभी हम भी उसके क़रीब थे
दिल-ओ-जाँ से बढ़के अज़ीज़ थे
मगर आज ऐसे मिला है वो
कभी पहले जैसे मिला न हो

(59)

दीनार ख़ूब बरसेंगे आँगन में सारी रात
मैं ख़्वाब के शजर की वो शाख़ें हिलाऊँगा

धुल जायेंगी बदन में जमी धूल की तहें
अपने लहू में आज मैं ऐसा नहाऊँगा

इक पल की ज़िन्दगी मुझे बेहद अज़ीज़ है
पलकों पे झिलमिलाऊँगा और टूट जाऊँगा

ये रात फिर न आयेगी बादल बरसने दे
मैं जानता हूँ सुब्ह तुझे भूल जाऊँगा

मिट्टी तिरी सदा हूँ मैं ठण्डे सितारों के
ख़ामोश होंट चूमते ही डूब जाऊँगा

उस दिन बजाय ओस के टपकेगा सुर्ख़ ख़ून
तलवार लेके जब मैं ख़लाओं में आऊँगा

जब रात के सुपुर्द मुझे करने आओगे
रूमाल रोशनी का हवा में उड़ाऊँगा

रह-रह के एक फूल महकता है ख़ून में
उसको बदन की मिट्टी के नीचे दबाऊँगा

आँगन में नन्हे-नन्हे फ़रिश्ते लड़ेंगे जब
भूरी शफ़ीक़[1] आँखों में मैं मुस्कराऊँगा

1. दयालु

(60)

परों में नूर है, परवाज़[1] में हरारत है
लहू हवा में किसी सुब्ह की शहादत है

किसी का प्यार मुझे देर तक न रोक सका
मिरे बदन पे हवा की कोई अलामत[2] है

फ़ज़ा में धनकी हुई रूई के जज़ीरे मिले
कहाँ-कहाँ मिरे एहसास की लताफ़त[3] है

सफेद बर्फ़ के ख़रगोश गुदगुदाने लगे
लतीफ़ सर्दियों में नर्म-नर्म हिद्दत[4] है

---

1. उड़ान 2. लक्षण 3. कोमलता 4. गर्मी

रगों में सैकड़ों बर्फ़ीली सूइयाँ उतरीं
मगर लहू में अभी तक वही तमाज़त[1] है

मैं अपने हाथ में अपना बुरीदा[2] सर लेकर
बग़ौर देखूँ मिरी वाक़ई जो सूरत है

सियाह साँप के सर पर सफेद फूल खिला
रवायतों में बड़ी पेचदार हिद्दत है

सदा की धूप न चमके तो घर उजड़ जाये
विशाल मन्दिरों में घण्टियों से अज़मत है

1. धूप की गर्मी 2. कटा हुआ

(61)

अपने पहाड़ ग़ैरों के गुलज़ार हो गये
ये भी हमारी राह की दीवार हो गये

फल पक चुका है शाख़ पे गर्मी की धूप में
हम अपने दिल की आग में तैयार हो गये

हम पहले नर्म पत्तों की इक शाख़ थे मगर
काटे गये हम इतने कि तलवार हो गये

बाज़ार में बिकी हुई चीज़ों की माँग है
हम इसलिए ख़ुद अपने ख़रीदार हो गये

ताज़ा लहू भरा था सुनहरे गुलाब में
इनकार करने वाले गुनहगार हो गये

वो सरकशों[1] के पाँव की ज़ंजीर थे कभी
अब बुज़दिलों के हाथ में तलवार हो गये

1. विद्रोहियों, अशिष्टों

(62)

रात के समन्दर में डूब गयी शाम
मेरे भी सीने में आये मेरी शाम

बादल थे कमरे में बिखरे पड़े
बिस्तर पे लेटी थी थकी हुई शाम

बन्द किये बैठे थे यादों का घर हम
दरवाज़ा खोलकर चली गयी शाम

सारे बदन का तनाव फ़ज़ा में
कसे-कसे कपड़ों में फंसी-फंसी शाम

तारों की आँखों में किरनों के नेज़े
सूरज के सीने में चुभी हुई शाम

थके-थके पैडल के बीच चले सूरज
घर की तरफ लौटी दफ़्तर की शाम

(63)

कई दरख़्तों ने ऐसा ज़मीं को छोड़ दिया
कि जैसे वाक़ई उनको लिए फिरेगी हवा

कभी जो दूसरी झीलों की सम्त प्यास बढ़ी
हमारे सीने में कोई परिन्दा चीख़ पड़ा

फिर उसके बाद अभी तक मुझे ज़मीं न मिली
ज़रा-सी उम्र थी जब तनहा पहली बार उड़ा

बदन दिखाई न दे कैसी खुशलिबासी है
ये क्या दिया कि ग़रीबी का बाँकपन भी गया

मशीनें चल रही हैं कोट-पैंट पहने हुए
किसी का नाम मोहब्बत, किसी का नाम वफ़ा

(64)

रात भीगी तो थके शह्र को याद आने लगे
नींद के गाँव जो आबाद हैं पलकों के तले

डाक्टर, ख़्वाब के नाखुन थे हलाहल में बुझे
हस्ब-मा'मूल बड़ी ज़ोर से हम चीख़ पड़े

जैसे सच-मुच हो बड़ी नींद में उस शोख़ की याद
ऐसा सीने में बनी लेटी है आँखें मीचे

मैंने समझाया कि सूरज भी झुकेगा दर पर
वरना तारों की तरफ़ मुँह किये दरवाज़े थे

कल जिसे रात की गाड़ी पे हमीं ने छोड़ा
वो तो आँखों में फिरे है मगर हम ही न फिरे

(65)

मेरे बिस्तर पे सो रहा है कोई
मेरी आँखों में जागता है कोई

इन पहाड़ों में रहते हैं हमज़ाद[1]
बोल कर देख बोलता है कोई

आज मैं जागूँगा कि सोते में
मेरी पलकों को चूमता है कोई

मेरा शैतान मर गया शायद
मेरी सीने पे सो रहा है कोई

रंग ये भी बहुत पुराना है
सोचता कोई, बोलता है कोई

सात पर्दों में छुप के देख लिया
कपड़े बदलो तो देखता है कोई

1. बेताल

(66)

अब तो अंगारों के लब चूम के सो जायेंगे
हम वो प्यासे हैं जो दरियाओं को तरसायेंगे

ख़्वाब आईने हैं, आँखों में लिए फिरते हो
धूप में चमकेंगे टूटेंगे तो चुभ जायेंगे

नींद की फ़ाख़्ता, सहमी हुई है आँखों में
तीर यादों की कमींगाहों[1] से फिर आयेंगे

सुब्ह तक दिल के दरीचों[2] को खुला रहने दो
दर्द गुमराह फ़रिश्ते हैं कहाँ जायेंगे

1. शिकार की ताक में छिपकर बैठने के स्थान 2. खिड़कियों

(67)

अपनी उदास धूप तो घर-घर चली गयी
ये रोशनी लकीर के बाहर चली गयी

नीला-सफ़ेद कोट ज़मीं पर बिछा दिया
फिर मुझको आसमान पे लेकर चली गयी

कब तक झुलसती रेत पे चलती तुम्हारे साथ
दरिया की मौज, दरिया के अन्दर चली गयी

हम लोग ऊँचे पुल के नीचे खड़े रहे
उल्टा था बल्ब रोशनी ऊपर चली गयी

लहरों ने घेर रक्खा था सारे मकान को
मछली किधर से कमरे के अन्दर चली गयी

(68)

उदास रात है कोई तो ख़्वाब दे जाओ
मेरे गिलास में थोड़ी शराब दे जाओ

बहुत-से और भी घर हैं खुदा की बस्ती में
फ़क़ीर कब से खड़ा है जवाब दे जाओ

मैं ज़र्द पत्तों पे शबनम सजा के लाया हूँ
किसी ने मुझसे कहा था हिसाब दे जाओ

मेरी नज़र में रहे डूबने का मंज़र[1] भी
गुरूब[2] होता हुआ आफ़ताब दे जाओ

फिर इसके बाद नज़ारे नज़र को तरसेंगे
वो जा रहा है खिज़ाँ के गुलाब दे जाओ

हज़ार सफ़्हों का दीवान कौन पढ़ता है
बशीर बद्र कोई इन्तख़ाब दे जाओ

1. दृश्य 2. अस्त होना

(69)

हुमावक़्त[1] रंज-ओ-मलाल क्या जो गुज़र गया सो गुज़र गया
उसे याद करके न दिल दुखा जो गुज़र गया सो गुज़र गया

न गिला किया, न ख़फ़ा हुए यूँ ही रास्ते में जुदा हुए
न तू बेवफ़ा न मैं बेवफ़ा जो गुज़र गया सो गुज़र गया

वो ग़ज़ल की एक किताब था वो गुलों में एक गुलाब था
ज़रा देर का कोई ख़्वाब था जो गुज़र गया सो गुज़र गया

मुझे पतझड़ों की कहानियाँ न सुना-सुना के उदास कर
तू खिज़ाँ का फूल है मुस्करा जो गुज़र गया सो गुज़र गया

वो उदास धूप समेट कर कहीं वादियों में उतर चुका
उसे अब न दे मिरे दिल सदा जो गुज़र गया सो गुज़र गया

---

1. हर समय

ये सफ़र भी कितना तवील[1] है यहाँ वक़्त कितना क़लील है
कहाँ लौट कर कोई आयेगा जो गुज़र गया सो गुज़र गया

वो वफ़ाएँ थीं कि जफ़ाएँ थीं न ये सोच किसकी ख़ताएँ थीं
वो तिरा है उसको गले लगा जो गुज़र गया सो गुज़र गया

कोई फ़र्क़ शाह-ओ-गदा[2] नहीं कि यहाँ किसी की बक़ा[3] नहीं
ये उजाड़ महलों की सुन सदा, जो गुज़र गया सो गुज़र गया

तुझे ऐ'तबार-ओ-यक़ीं[4] नहीं, नहीं दुनिया इतनी बुरी नहीं
न मलाल कर मिरे साथ आ जो गुज़र गया सो गुज़र गया

1. लम्बा 2. राजा और भिक्षुक 3. नित्यता 4. भरोसा और विश्वास

(70)

कोई जाता है यहाँ से, न कोई आता है
ये दिया अपने अँधेरे में घुटा जाता है

सब समझते हैं वही रात की क़िस्मत होगा
जो सितारा कि बलन्दी पे नज़र आता है

मैं इसी खोज में बढ़ता ही चला जाता हूँ
किसका आँचल है जो कोहसारों[1] पे लहराता है

मेरी आँखों में है इक अब्र[2] का टुकड़ा शायद
कोई मौसम हो सर-ए-शाम बरस जाता है

दे तसल्ली कोई तो आँख छलक उठती है
कोई समझाये तो दिल और भी भर आता है

---

1. पर्वतमालाओं 2. बादल

(71)

हम-से मुसाफ़िरों का सफ़र इन्तज़ार है
सब खिड़कियों के सामने लम्बी क़तार है

चमकीली सब्ज़ आँखें बहुत दूर जा चुकीं
किन घण्टियों का रास्तों को इन्तज़ार है

बाँसों के जंगलों में वही तेज़ बू मिली
जिनका हमारी बस्तियों में कारोबार है

आवाज़ फड़फड़ा के वहीं दफ़्न हो गयी
सीने में ग़ालिबन[1] कोई बिजली का तार है

सूरज बुरीदा-सर[2] है ज़मीं के शहीद का
ये धूप उसके ज़र्द बदन की बहार है

किस रोशनी के शहर से गुज़रे है तेज़-रौ[3]
नीले समन्दरों पे सुनहरा गुबार है

आयी निदा, वो उड़ते सितारे उधर मुड़े
इन बदलियों के पीछे कोई कोहसार[4] है

1. संभवत: 2. जिसका सर धड़ से अलग हो 3. शीघ्रगामी 4. पर्वतमाला

(72)

क़दम जमाना है और सबके साथ चलना भी
हम अपनी राह के पत्थर हैं और दरिया भी

मगर जो फ़ासला पहले था और बढ़ता गया
मैं उसके पास गया वो इधर से गुज़रा भी

बहुत ज़हीन-ओ-ज़माना-शनास[1] था लेकिन
वो रात बच्चों की सूरत लिपट के रोया भी

ये खुश्क शाख़ न सरसब्ज़ हो सकी उसने
मुझे गले से लगाया पलक से चूमा भी

1. बुद्धिमान और समय को पहचानने वाला

(73)

न जी भर के देखा, न कुछ बात की
बड़ी आरज़ू थी मुलाक़ात की

उजालों की परियाँ नहाने लगीं
नदी गुनगुनायी ख़यालात की

मैं चुप था तो चलती हवा रुक गई
ज़बाँ सब समझते हैं जज़्बात की

मुक़द्दर मिरी चश्म-ए-पुरआब[1] का,
बरसती हुई रात बरसात की

कई साल से कुछ ख़बर ही नहीं,
कहाँ दिन गुज़ारा, कहाँ रात की

1. आँसुओं से भरी आँख

(74)

लोग टूट जाते हैं एक घर बनाने में
तुम तरस नहीं खाते बस्तियाँ जलाने में

और जाम टूटेंगे इस शराबख़ाने में
मौसमों के आने में मौसमों के जाने में

हर धड़कते पत्थर को लोग दिल समझते हैं
उम्र बीत जाती है दिल को दिल बनाने में

फ़ाख़्ता की मजबूरी ये भी कह नहीं सकती
कौन साँप रखता है उसके आशियाने में

दूसरी कोई लड़की ज़िन्दगी में आयेगी
कितनी देर लगती है उसको भूल जाने में

(75)

यूँ ही बेसबब न फिरा करो, कोई शाम घर भी रहा करो,
वो ग़ज़ल की सच्ची किताब है, उसे चुपके-चुपके पढ़ा करो

कोई हाथ भी न मिलायेगा, जो गले मिलोगे तपाक से,
ये नये मिज़ाज का शहर है, ज़रा फ़ासले से मिला करो

अभी राह में कई मोड़ हैं, कोई आयेगा कोई जायेगा,
तुम्हें जिसने दिल से भुला दिया उसे भूलने की दुआ करो

मुझे इश्तिहार-सी लगती हैं, ये मोहब्बतों की कहानियाँ,
जो कहा नहीं वो सुना करो, जो सुना नहीं वो कहा करो

ये खिज़ाँ[1] की ज़र्द[2]-सी शाल में, जो उदास पेड़ के पास है,
ये तुम्हारे घर की बहार है, इसे आँसुओं से हरा करो

---

1. पतझड़ 2. पीली

(76)

कभी यूँ भी आ मिरी आँख में,
कि मिरी नज़र को ख़बर न हो,
मुझे एक रात नवाज़[1] दे,
मगर उसके बाद सहर[2] न हो

वो बड़ा रहीम-ओ-करीम[3] है,
मुझे ये सिफ़त[4] भी अता[5] करे,
तुझे भूलने की दुआ करूँ,
तो मिरी दुआ में असर न हो

मिरे बाजुओं में थकी-थकी,
अभी महव-ए-ख़्वाब[6] है चाँदनी,
न उठे सितारों की पालकी,
अभी आहटों का गुज़र न हो

1. कृपा करना 2. प्रात: काल 3. दयालु और कृपालु 4. गुण, प्रभाव 5. प्रदान करना 6. स्वप्न देखने में रत

ये ग़ज़ल कि जैसे हिरन की आँखों में,
पिछली रात की चाँदनी
न बुझे ख़राबे[1] की रोशनी,
कभी बेचिराग़ ये घर न हो

कभी दिन की धूप में झूम के,
कभी शब[2] के फूल को चूम के
यूँ ही साथ-साथ चलें सदा,
कभी ख़त्म अपना सफ़र न हो

मिरे पास मेरे हबीब[3] आ
ज़रा और दिल से क़रीब आ,
तुझे धड़कनों में बसा लूँ मैं
कि बिछड़ने का कोई डर न हो

1. निर्जन, खँडहर 2. रात्रि 3. मित्र

(77)

सोचा नहीं अच्छा-बुरा, देखा-सुना कुछ भी नहीं
माँगा ख़ुदा से रात-दिन, तेरे सिवा कुछ भी नहीं

सोचा तुझे, देखा तुझे, चाहा तुझे, पूजा तुझे
मेरी वफ़ा मेरी ख़ता, तेरी ख़ता कुछ भी नहीं

जिस पर हमारी आँख ने मोती बिछाये रात भर,
भेजा वही काग़ज़ उसे, हमने लिखा कुछ भी नहीं

इक शाम की दहलीज़ पर बैठे रहे वो देर तक,
आँखों से की बातें बहुत, मुँह से कहा कुछ भी नहीं

दो-चार दिन की बात है, दिल ख़ाक में सो जायेगा
जब आग पर काग़ज़ रखा, बाक़ी बचा कुछ भी नहीं

एहसास की ख़ुशबू कहाँ, आवाज़ के जुगनू कहाँ,
ख़ामोश यादों के सिवा, घर में रहा कुछ भी नहीं

(78)

अब किसे चाहें, किसे ढूँढ़ा करें,
वो भी आख़िर मिल गया अब क्या करें

हल्की-हल्की बारिशें होती रहें,
हम भी फूलों की तरह भीगा करें

आँख मूँदे इस गुलाबी धूप में,
देर तक बैठे उसे सोचा करें

दिल, मोहब्बत, दीन, दुनिया, शायरी,
हर दरीचे से तुझे देखा करें

घर नया, बर्तन नये, कपड़े नये,
इन पुराने काग़ज़ों का क्या करें

(79)

होठों पे मोहब्बत के फ़साने नहीं आते
साहिल पे समन्दर के ख़ज़ाने नहीं आते

पलकें भी चमक उठती हैं सोते में हमारी,
आँखों को अभी ख़्वाब छुपाने नहीं आते

दिल उजड़ी हुई एक सराय की तरह है,
अब लोग यहाँ रात बिताने नहीं आते

उड़ने दो परिन्दों को अभी शोख़ हवा में,
फिर लौट के बचपन के ज़माने नहीं आते

क्या सोच के आये हो मोहब्बत की गली में,
जब नाज़ हसीनों के उठाने नहीं आते

अहबाब[1] भी ग़ैरों की अदा सीख गये हैं,
आते हैं मगर दिल को दुखाने नहीं आते

1. मित्रगण

(80)

अब तेरे मेरे बीच कोई फ़ासला भी हो
हम लोग जब मिलें, तो कोई दूसरा भी हो

तू जानता नहीं मेरी चाहत अजीब है
मुझको मना रहा है, कभी ख़ुद ख़फ़ा भी हो

तू बेवफ़ा नहीं है मगर बेवफ़ाई कर
उसकी नज़र में रहने का कुछ सिलसिला भी हो

पतझड़ के टूटते हुए पत्तों के साथ-साथ
मौसम कभी तो बदलेगा ये आसरा भी हो

चुपचाप उसको बैठ के देखूँ तमाम रात
जागा हुआ भी हो, कोई सोया हुआ भी हो

उसके लिए तो मैंने यहाँ तक दुआएँ कीं
मेरी तरह से कोई उसे चाहता भी हो

(81)

किसने मुझको सदा दी बता कौन है
ऐ हवा तेरे घर में छिपा कौन है

बारिशों में किसी पेड़ को देखना
शाल ओढ़े हुए भीगता कौन है

खुशबुओं में नहायी हुई शाख़ पर
फूल-सा मुस्कराता हुआ कौन है

मैं यहाँ धूप में तप रहा हूँ मगर
वो पसीने में डूबा हुआ कौन है

दिल को पत्थर हुए इक ज़माना हुआ
इस मकाँ में मगर बोलता कौन है

आसमानों को हमने बताया नहीं
डूबती शाम में डूबता कौन है

तुम भी मजबूर हो, हम भी मजबूर हैं
बेवफ़ा कौन है, बावफ़ा[1] कौन है

---

1. प्रतिज्ञा निभानेवाला

(82)

सन्नाटा क्या चुपके-चुपके कहता है
सारी दुनिया किसका रैन-बसेरा है

आसमान के दोनों कोनों के आख़िर
एक सितारा तेरा है, इक मेरा है

अण्डा, मछली छूकर जिनको पाप लगे
उनका पूरा हाथ लहू में डूबा है

आहिस्ता-आहिस्ता दिल पर दस्तक़ दो
धीरे-धीरे ये दरवाज़ा खुलता है

सूरज के घर से उसके घर तक जाना
कितना सीधा-सादा धूप का रस्ता है

सारी रात लिहाफ़ों में रोई आँखें
सब कहते थे रिश्ता-नाता झूठा है

(83)

दालानों की धूप छतों की शाम कहाँ
घर के बाहर घर जैसा आराम कहाँ

बाज़ारों की चहल-पहल से रोशन है
इन आँखों में मन्दिर जैसी शाम कहाँ

मैं उसको पहचान नहीं पाया तो क्या
याद उसे भी आया मेरा नाम कहाँ

दिन-भर सूरज किसका पीछा करता है
रोज़ पहाड़ी पर जाती है शाम कहाँ

लोगों को सूरज का धोखा होता है
आँसू बनकर चमका मेरा नाम कहाँ

चन्दा के बस्ते में सूखी रोटी है
काजू, किशमिश, पिस्ते और बादाम कहाँ

(84)

आया ही नहीं हमको आहिस्ता गुज़र जाना
शीशे का मुक़द्दर है टकरा के बिखर जाना

तारों की तरह शब के सीने में उतर जाना
आहट न हो कदमों की इस तरह गुज़र जाना

नश्शे में सँभलने का फ़न[1] यूँ ही नहीं आया
इन ज़ुल्फ़ों से सीखा है लहरा के सँवर जाना

भर जाएँगे आँखों में आँचल से बँधे बादल
याद आयेगा जब गुल पर शबनम का बिखर जाना

हर मोड़ पे दो आँखें हमसे यही कहती हैं
जिस तरह भी मुमकिन हो तुम लौट के घर जाना

---

1. कला

(85)

बद्र, वो आँखें बहुत ढूँढ़ रही हैं तुमको
चाँद की चौदहवीं तारीख़ है, ऊपर देखो

रात सोयी हुई रा'नाइयों ने मुझसे कहा
हम तुम्हारी ही ग़ज़ल हैं कभी हमको भी कहो

चाँदनी रात में कह जाती है आहट जैसे
हम बहुत पास हैं आवाज़ न दो, हमको सुनो

जिससे उम्मीद-ए-वफ़ा होगी वही दुख देगा
बेवफ़ा जान के चाहो जिसे अबकी चाहो

उसकी कुदरत में नहीं रुक के कोई बात सुने
वक़्त आवाज़ है आवाज़ को आवाज़ न दो

एक आवाज़ बहुत काफ़ी है सोने के लिए
लोग समझेंगे बने लेटे हो अब जाग पड़ो

आज कमरे में नहीं बैठने वाला मौसम
बर्फ़ गिरने की ख़बर गर्म है घर से निकलो

(86)

सब आने वाले बहलाकर चले गये
आँखों पर शीशे चमकाकर चले गये

मलबे के नीचे आकर मालूम हुआ
सब कैसे दीवार गिराकर चले गये

अगर कभी लौटेंगे राख बटोरेंगे
जंगल में जो आग लगाकर चले गये

मैं था, दिन था और इक लम्बा रस्ता था
सब खैमे जब लोग उठाकर चले गये

चट्टानों पर आकर ठहरे दो रस्ते
फिर आगे इक राह बनाकर चले गये

(87)

तारों की चिलमनों से कोई झाँकता भी हो
इस कायनात में कोई मंज़र नया भी हो

इतनी सियाह रात में किसको सदाएँ दूँ
ऐसा चिराग़ दे जो कभी बोलता भी हो

सारे पहाड़ काट के मैं मिलने आऊँगा
हाँ, मेरे इन्तज़ार में दरिया रुका भी हो

रंगों की क्या बहार है पत्थर के बाग़ में
लेकिन मिरी ज़मीं का इक हिस्सा हरा भी हो

उसके लिए तो मैंने यहाँ तक दुआएँ कीं
मेरी तरह से कोई उसे चाहता भी हो

(88)

मुझे भुलाये कभी याद करके रोये भी
वो अपने आपको बिखराये और पिरोये भी

शुमार हम न हुए उन चमकने वालों में
बदन भी मलते रहे, रोज़ कपड़े धोये भी

बहुत गुबार भरा था दिलों में दोनों के
मगर वो एक ही बिस्तर पे रात सोये भी

बहुत दिनों से नहाये नहीं है आँगन में
कभी तो राह की बारिश हमें भिगोये भी

ये तुमसे किसने कहा रात से मैं डरता हूँ
ज़रूर आये मिरे बाज़ुओं में सोये भी

वो नौजवान जवानी की नींद में गुम था
बहुत पुकारा, झिंझोड़ा, लिपट के रोये भी

यक़ीन जानिए एहसास तक न होगा हमें
नसों में सूईयाँ कोई अगर चुभोए भी

(89)

राहों में कौन आ गया कुछ पता नहीं
उसको तलाश करते रहे जो मिला नहीं

बेआस खिड़कियाँ हैं सितारे उदास हैं
आँखों में आज नींद का कोसों पता नहीं

मैं चुप रहा तो और ग़लतफ़हमियाँ बढ़ीं
वो भी सुना है उसने जो मैंने कहा नहीं

दिल में इसी तरह से है बचपन की एक याद
शायद अभी कली को हवा ने छुआ नहीं

चेहरे पे आँसुओं ने लिखी हैं कहानियाँ
आईना देखने का मुझे हौसला नहीं

(90)

कोई लश्कर है कि बढ़ते हुए ग़म आते हैं
शाम के साये बहुत तेज़ क़दम आते हैं

दिल वो दरवेश[1] है जो आँख उठाता ही नहीं
उसके दरवाज़े पे सौ अह्ल-ए-करम[2] आते हैं

मुझसे क्या बात लिखानी है कि अब मेरे लिए
कभी सोने, कभी चाँदी के क़लम आते हैं

मैंने दो-चार किताबें तो पढ़ी हैं लेकिन
शहर के तौर-तरीक़े मुझे कम आते हैं

ख़ूबसूरत-सा कोई हादसा आँखों में लिये
घर की दहलीज़ पे डरते हुए हम आते हैं

---

1. संन्यासी 2. कृपा करने वाले

(91)

यहाँ सूरज हँसेंगे आँसुओं को कौन देखेगा
चमकती धूप होगी जुगनुओं को कौन देखेगा

फलों की बाग़बानी में तो बारिश की दुआ होगी
गुज़रते ख़ूबसूरत बादलों को कौन देखेगा

अगर हम साहिलों पर डोर-काँटे ले के बैठेंगे
तो मौजों में चमकती तितलियों को कौन देखेगा

बहुत अच्छा-सा कोई सूट पहनो तंगदस्ती[1] में
उजालों में छुपी इन बदलियों को कौन देखेगा

अभी अपने इशारों पर हमें चलना नहीं आया
सड़क की लाल-पीली बत्तियों को कौन देखेगा

1. कंगाली

(92)

दिल की दहलीज़ पे यादों के दिये रक्खे हैं
आज तक हमने ये दरवाज़े खुले रक्खे हैं

इस कहानी के वो किरदार कहाँ से लाऊँ
वही दरिया है वही कच्चे घड़े रक्खे हैं

हम पे जो गुज़री बताया न बताएँगे कभी
कितने ख़त अब भी तिरे लिक्खे हुए रक्खे हैं

आपके पास खरीदारी की कुव्वत है अगर
आज सब लोग दुकानों में सजे रक्खे हैं

(93)

साथ चलते जा रहे हैं पास आ सकते नहीं
इक नदी के दो किनारों को मिला सकते नहीं

देने वाले ने दिया सब कुछ अजब अंदाज़ से
सामने दुनिया पड़ी है और उठा सकते नहीं

उसकी भी मजबूरियाँ हैं, मेरी भी मजबूरियाँ
रोज़ मिलते हैं मगर घर में बता सकते नहीं

किसने किसका नाम ईंटों पर लिखा है ख़ून से
इश्तिहारों से ये दीवारें छुपा सकते नहीं

राज़ जब सीने से बाहर हो गया अपना कहाँ
रेत पर बिखरे हुए आँसू उठा सकते नहीं

आदमी क्या है गुज़रते वक़्त की तस्वीर है
जाने वाले को सदा देकर बुला सकते नहीं

शहर में रहते हुए हमको ज़माना हो गया
कौन रहता है कहाँ कुछ भी बता सकते नहीं

उसकी यादों से महकने लगता है सारा बदन
प्यार की ख़ुशबू को सीने में छुपा सकते नहीं

पत्थरों के बर्तनों में आँसुओं को क्या रखें
फूल को लफ़्ज़ों के गमलों में खिला सकते नहीं

(94)

मैं कब तनहा हुआ था, याद होगा
तुम्हारा फ़ैसला था, याद होगा

बहुत से उजले-उजले फूल लेकर
कोई तुमसे मिला था, याद होगा

बिछी थीं हर तरफ़ आँखें ही आँखें
कोई आँसू गिरा था, याद होगा

उदासी और बढ़ती जा रही थी
वो चेहरा बुझ रहा था, याद होगा

वो ख़त पागल हवा के आँचलों पर
किसे तुमने लिखा था, याद होगा

(95)

तुमने भी कमनसीब पे कुछ कम निगाह की
उसने तो ख़ैर ज़िन्दगी अपनी तबाह की

हम दोनों दुनियादार नहीं हैं इसीलिए
सूरत कोई नज़र नहीं आती निबाह की

हालात बेवफ़ाई पे मजबूर कर गये
वरना उसे भी चाह बहुत थी निबाह की

अपने को रश्क-ए-मीर[1] समझते हैं बद्र जी
गुमराह कर गयी है सदा वाह-वाह की

---

1. उर्दू के महान कवि मीर को लज्जित करने वाला

(96)

क़दम से आगे-आगे चल रही है
मुसाफ़िर को गली पहचानती है

तिरे बीमार का अब-तब लगा है
ये हालात गुफ़्तनी[1] कम, दीदनी[2] है

न जाने किस तरफ़ से आ रही हैं
हवाओं में बड़ी अफ़सुर्दगी[3] है

ये कोई बात कहना चाहते हैं
सितारों के लबों पर कँपकपी है

अभी कुछ ज़िन्दगी का आसरा है
चिराग़ों में अभी कुछ रोशनी है

सहर के काफ़िले ये जानते हैं
अभी इक रात की मंज़िल पड़ी है

---

1. कहने योग्य 2. देखने योग्य 3. उदासी

(97)

मिरी ज़िन्दगी भी मिरी नहीं ये हज़ार ख़ानों में बँट गयी
मुझे एक मुट्ठी ज़मीन दे ये ज़मीन कितनी सिमट गयी

तिरी याद आये तो चुप रहूँ ज़रा चुप रहूँ तो ग़ज़ल कहूँ
ये अजीब आग की बेल थी मिरे तन-बदन से लिपट गयी

मुझे लिखने वाला लिखे भी क्या मुझे पढ़ने वाला पढ़े भी क्या
जहाँ मेरा नाम लिखा गया वहीं रोशनाई उलट गयी

न कोई ख़ुशी न मलाल है कि सभी का एक-सा हाल है
तिरे सुख के दिन भी गुज़र गये मिरी ग़म की रात भी कट गयी

मिरी बन्द पलकों पे टूटकर कोई फूल रात बिखर गया
मुझे सिसकियों ने जगा दिया मिरी कच्ची नींद उचट गयी

(98)

वो इन्तज़ार की चौखट पे सो गया होगा
किसी से वक़्त तो पूछें कि क्या बजा होगा

मैं हँस रहा हूँ लतीफ़ों की शे'री महफ़िल में
वो मेरी आँखों से इस वक़्त रो रहा होगा

ये पत्थरों की तरह क्यों उदास रहता है
मुझे यक़ीन है दिल इसका आईना होगा

मैं इस ख़याल से उसके करीब आया था
कि दूसरों की तरह वो भी बेवफ़ा होगा

(99)

आँधियों के साथ क्या मंज़र सुहाने आये हैं
आज मैदानों में बाग़ों के ख़ज़ाने आये हैं

अब मेरे तलवों के नीचे की ज़मीं आज़ाद है
आसमानों से मुझे बादल बुलाने आये हैं

रेत से दरिया अटे हैं ख़ाक से झीलें पटीं
ये परिन्दे ख़ून में शायद नहाने आये हैं

ख़्वाब जिस दिल में रहा करते थे कब का मर चुका
किस का दरवाज़ा ये बच्चे खटखटाने आये हैं

इनमें रोशन हैं अभी तक तेरे बोसों के चिराग़
इसलिए हम अपनी आँखें खुद बिछाने आये हैं

आज हम सब एक बेहतर ज़िन्दगी की दौड़ में
कैसे-कैसे ख़्वाब क़ब्रों में सुलाने आये हैं

बारहा इस घर का बँटवारा हुआ और आज तक
अपने हिस्से में सदा दुख के ख़ज़ाने आये हैं

चार दुश्मन आ मिले हैं रात की छत के तले
मुद्दतों के बाद फिर अगले ज़माने आये हैं

(100)

उदासी के चेहरे पढ़ा मत करो
ग़ज़ल आँसुओं से लिखा मत करो

बहरहाल ये आग ही आग हैं
चिराग़ों को ऐसे छुआ मत करो

दुआ, आँसुओं में खिला फूल है
किसी के लिए बद्दुआ मत करो

तुम्हें लोग कहने लगें बेवफ़ा
ज़माने से इतनी वफ़ा मत करो

खुदा के लिए चाँदनी रात में
अकेले-अकेले फिरा मत करो

(101)

तुम अभी शहर में क्या नये आये हो
रुक गये राह में हादसा देखकर

तुम जिन्हें फूल समझे हो, आँखें न हों
पाँव रखना ज़मीं पर ज़रा देखकर

फिर दिये रख गयीं तेरी परछाइयाँ
आज दरवाज़ा दिल का खुला देखकर

उसकी आँखों का सावन बरसने लगा
बादलों में परिन्दा घिरा देखकर

शाम गहरी हुई और घर दूर है
फूल सो जाएँगे रास्ता देखकर

फूल-सी उँगलियाँ कंघियाँ बन गयीं
उलझे बालों से माथा ढका देखकर

(102)

कोई जाता है यहाँ से, न कोई आता है
ये दिया अपने अँधेरे में घुटा जाता है

सब समझते हैं वही रात की किस्मत होगा
जो सितारा कि बलन्दी पे नज़र आता है

बिल्डिंगें लोग नहीं हैं जो कहीं भाग सकें
रोज़ इन्सानों का सैलाब बढ़ा जाता है

मैं इसी खोज मैं बढ़ता ही चला जाता हूँ
किस का आँचल है ज़ो कोहसारों[1] पे लहराता है

मेरी आँखों में है इक अब्र[2] का टुकड़ा शायद
कोई मौसम हो सर-ए-शाम बरस जाता है

दे तसल्ली कोई तो आँख छलक उठती है
कोई समझाये तो दिल और भी भर आता है

अब्र के खेत में बिजली की चमकती हुई राह
जानेवालों के लिए रास्ता बन जाता है

---

1. पर्वतमालाओं 2. बादल

(103)

फूल बरसे कहीं शबनम कहीं गौहर[1] बरसे
और इस दिल की तरफ़ बरसे तो पत्थर बरसे

बारिशें छत पे खुली जगहों पे होती हैं मगर
ग़म वो सावन है जो इन कमरों के अन्दर बरसे

कौन कहता है कि रंगों के फ़रिश्ते उतरें
कुछ भी बरसे मगर इस बार तो घर-घर बरसे

हम-से मजबूर का ग़ुस्सा भी अजब बादल है
अपने ही दिल से उठे अपने ही दिल पर बरसे

---

1. मोती

(104)

सरदर्द, जैसे नींद के सीने पे सो गया
उन फूल जैसे हाथों ने माथा जूँही छुआ

इक लड़की, एक लड़के के काँधे पे सोयी थी
मैं उलजी, धुँधली यादों के कोहरे में खो गया

सन्नाटे आये दर, जूँ मैं झाँका, चले गये
गर्मी की छुट्टियाँ थीं वहाँ कोई भी न था

टहनी गुलाब की मिरे सीने से लग गयी
झटके के साथ कार का रुकना ग़ज़ब हुआ

(105)

रात से जी है सोगवार[1] बहुत
याद आओ न आज यार बहुत

पाँव में दम रहे, दयार[2] बहुत
हाथ चलते हों, रोज़गार बहुत

दिल में हर वक़्त एक हंगामा
शह्र तनहा है शह्रयार[3] बहुत

देख लीं मेह्रबानियाँ तेरी
ज़िन्दगी बन न ग़मगुसार[4] बहुत

क्या कोई यार आने वाला है
वक़्त पूछो हो, आज यार बहुत

रात कहती है बद्र सो जाओ
हो चुका उसका इन्तज़ार बहुत

---

1. शोक संतप्त 2. स्थान, नगर 3. शासक 4. सहानुभूति करने वाली

(106)

मैं ग़ज़ल कहूँ, मैं ग़ज़ल पढ़ूँ मुझे दे तो हुस्न-ए-ख़याल[1] दे
तेरा ग़म ही है मेरी तरबियत[2], मुझे दे तो रंज-ओ-मलाल[3] दे

सभी चार दिन की हैं चाँदनी ये रियासतें, ये विज़ारतें[4]
मुझे उस फ़कीर की शान दे कि ज़माना जिसकी मिसाल दे

मिरी सुब्ह तेरे सलाम से मिरी शाम है तिरे नाम से
तिरे दर को छोड़ के जाऊँगा ये ख़याल दिल से निकाल दे

मिरे सामने जो पहाड़ थे सभी सर झुका के चले गये
जिसे चाहे तू ये उरूज[5] दे जिस चाहे तू ये ज़वाल[6] दे

बड़े शौक़ से इन्हीं पत्थरों को शिकम[7] से बाँध के सो रहूँ
मुझे माल-ए-मुफ़्त हराम है मुझे दे तो रिज़्क़-ए-हलाल[8] दे

---

1. कल्पना का सौन्दर्य 2. प्रशिक्षण 3. कष्ट और दुख 4. मंत्रियों के पद 5. उन्नति 6. अवनति 7. पेट 8. वो भोजन जो धर्म के अनुसार वर्जित न हो

(107)

हमारे हाथों में इक शक्ल चाँद जैसी थी
तुम्हें ये कैसे बतायें वो रात कैसी थी

महक रहे थे मिरे होंट उसकी ख़ुशबू से
अजीब आग थी बिलकुल गुलाब जैसी थी

इसी में सब थे मिरी माँ, बहन भी, बीवी भी
समझ रहा था जिसे मैं वो ऐसी–वैसी थी

तुम्हारे घर के सभी रास्तों को काट गयी
हमारे हाथ में कोई लकीर ऐसी थी

(108)

पहला-सा वो ज़ोर नहीं है मेरे दुख की सदाओं में
शायद पानी नहीं रहा है अब प्यासे दरियाओं में

जिस बादल की आस में जूड़े खोल लिए हैं सुहागन ने
वो परबत से सर टकराकर बरस चुका सहराओं में

जाने कब तड़पे और चमके सूनी रात को फिर डस जाए
मुझको एक रुपहली नागिन बैठी मिली है घटाओं में

पत्ता तो आख़िर पत्ता था गुंजान घने दरख़्तों ने
ज़मीं को तनहा छोड़ दिया है इतनी तेज़ हवाओं में

दिनभर धूप की तरह से हम छाये रहते हैं दुनिया पर
रात हुई तो सिमट के आ जाते हैं दिल की गुफाओं में

खड़े हुए जो साहिल[1] पर तो दम में पलकें भीग गयीं
शायद आँसू छुपे हुए हों सुब्ह की नर्म हवाओं में

---

1. तट

(109)

वक़्त-ए-रुख़सत[1] कहीं तारे, कहीं जुगनू आये
हार पहनाने मुझे फूल-से बाज़ू आये

बस गयी है मिरे एहसास में ये कैसी महक
कोई ख़ुशबू मैं लगाऊँ तिरी ख़ुशबू आये

मैंने दिन-रात ख़ुदा से ये दुआ माँगी थी
कोई आहट न हो दर पे मिरे और तू आये

उसकी बातें कि गुल-ओ-लाला पे शबनम बरसे
सब को अपनाने का उस शोख़ को जादू आये

इन दिनों आपका आलम भी अजब आलम है
शूख़[2] खाया हुआ जैसे कोई आहू[3] आये

उसने छूकर मुझे पत्थर से फिर इन्सान किया
मुद्दतों बाद, मिरी आँखों में आँसू आये

1. विदा के समय 2. गंदगी 3. हिरन

(110)

ऐसी गडमड हुई सर्दियाँ गर्मियाँ
आग की सिसकियों में खिली कुल्फ़ियाँ

धूप में सुर्ख़ तारे चमकने लगे
पक्के अमरूद पर पड़ गयीं चित्तियाँ

सुब्ह की पसलियों से निकलने लगीं
किरनें बाँधे हुए रंग की लुंगियाँ

आग की तितलियों को अगर छू लिया
राख हो जायेगा लकड़ियों का मकाँ

(111)

तुमने देखा किधर गये तारे
किसकी आवाज़ पर गये तारे

ये कहीं शह्र-ए-आरज़ू[1] तो नहीं
चलते-चलते ठहर गये तारे

आज आसार-ए-सुबह्[2] से पहले
वादियों में उतर गये तारे

सहमे-सहमे, बुझे-बुझे मग़मूम[3]
सर झुकाये गुज़र गये तारे

बद्र कुछ वाँ[4] की भी ख़बर है तुम्हें
आँचलों पर बिखर गये तारे

1. उम्मीदों का नगर 2. प्रातः काल के लक्षण 3. दुखित 4. वहाँ

(112)

चिराग़ जलने से पहले हमें पहुँचना है
ढके हुए हैं पहाड़ों को आज कुहरा भी

हज़ारों मील का मंज़र है इस नगीने में
ज़रा-सा आदमी दरिया है और सहरा भी

वही शरारा[1] कि जिससे झुलस गयीं पलकें
सितारा बनके मिरी रात में वो चमका भी

असर वही हुआ आख़िर अगरचे पहले-पहल
हवा का हाथ गुलों के बदन पे फैला भी

उन्हें तो हिफ़्ज़[2] थे सब अपने लोग नाम-ब-नाम
हमीं को याद न आया किसी का चेहरा भी

(113)

कोई हल न कोई जवाब है ये सवाल कैसा सवाल है
जिसे भूल जाने का हुक्म है उसे भूल जाना मुहाल[1] है

हुई ज़र्द फूलों की बस्तियाँ मगर उसमें तेरी ख़ता कहाँ
तुझे लोग दिल से दुआएँ दें यही तेरे फ़न का कमाल है

कभी आसमाँ की बलन्दियों से उतर के ख़ाक पे आयेंगे
अभी पंछियों को ख़बर नहीं ये ज़मीन दानों का जाल है

इसी सब्ज़ पेड़ की ओट में अभी चाँद हार के सो गया
तिरे पाक होंटों को चूम ले ये कहाँ किसी की मजाल है

उसी एक बिस्तर-ए-बेहिसी[2] पे थके-थके से बदन मिले
तेरा साथ भी वही बेदिली ये विसाल कैसा विसाल है

---

1. कठिन 2. चेतना के अभाव का बिस्तर

(114)

रात की राह में तारों की कमाँ रोशन है
चाँद में कौन है ये किसका मकाँ रोशन है

जिसको देखो मिरे माथे की तरफ़ देखे है
दर्द होता है कहाँ और कहाँ रोशन है

याद जब घर की कभी आती है तो लगता है
रात की राह में शीशे का मकाँ रोशन है

चाँद जिस आग में जलता है उसी शो'ले से
बर्फ़ की वादी में कुहरे का धुआँ रोशन है

जैसे दरियाओं में ख़ामोश चिराग़ों का सफ़र
ऐसा नस-नस में मिरी दर्द-ए-रवाँ[1] रोशन है

सुबह से ढूँढ रहे थे कि कहाँ है सूरज
अब नज़र आये हो तो सारा जहाँ रोशन है

1. बहती हुई पीड़ा

(115)

बड़े ताजिरों[1] की सतायी हुई
ये दुनिया दुलहन है जलाई हुई

भरी दोपहर का खिला फूल है
पसीने में लड़की नहायी हुई

किरन फूल की पत्तियों में दबी
हँसी उसके होंटों पे आयी हुई

वो चेहरा किताबी रहा सामने
बड़ी ख़ूबसूरत पढ़ाई हुई

ख़ुशी हम ग़रीबों की क्या है मियाँ
मज़ारों पे चादर चढ़ायी हुई

उदासी बिछी है बड़ी दूर तक
बहारों की बेटी परायी हुई

---

1. व्यापारियों

(116)

बिस्तर-ए-दिल पे ख़ूँ उगलते ख़्वाब
रातभर करवटें बदलते ख़्वाब

वक़्त की धूप रेगज़ार-ए-हयात[1]
बर्फ़ की तरह से पिघलते ख़्वाब

पर्दा-ए-नूर बनके छाये हैं
आँसुओं की तरह मचलते ख़्वाब

बिखरे शीशों पे गिर के टूट गये
नींद में नंगे पाँव चलते ख़्वाब

ऐसी सुनसान दोपहर में कहाँ
चाँद-तारों की तरह चलते ख़्वाब

ये हवा-ए-हक़ीक़त-ए-फ़र्दा[2]
ये चिराग़ों की तरह जलते ख़्वाब

1. जीवन का मरुस्थल 2. आने वाले कल की सच्चाई की वायु

(117)

प्यार की छाँव में दो दिल जो ज़रा मिल बैठे
बज़्म में ग़ज़लें हुई शह्‌र में अफ़साने चले

सुब्‌ह फिर अपने ही तेशे से किरन फूटेगी
रात आयी किसी शहनाज़[1] के काशाने[2] चले

रस में डूबी हुई इन आँखों की जुम्बिश जैसे
मय से लबरेज़ छलकते हुए पैमाने चले

आख़िरी बार गिरीबाँ गले लग जा मेरे
फिर महकते हुए रूमालों के नज़राने चले

1. नव विवाहिता 2. शीशों से सजाया गया छोटा-सा घर

(118)

रात भीगी तो थके शहर् को याद आने लगे
नींद के गाँव जो आबाद हैं पलकों के तले

डाक्टर, ख़्वाब के नाखून थे हलाहल में बुझे
हस्ब-मा'मूल बड़ी ज़ोर से हम चीख़ पड़े

जैसे सच-मुच हो बड़ी नींद में उस शोख़ की याद
ऐसा सीने में बनी लेटी है आँखें मीचे

मैंने समझाया कि सूरज भी झुकेगा दर पर
वरना तारों की तरफ़ मुँह किये दरवाज़े थे

कल जिसे रात की गाड़ी पे हमीं ने छोड़ा
वो तो आँखों में फिरे है मगर हम ही न फिरे

(119)

आँधियों के साथ क्या मंज़र सुहाने आये हैं
आज मैदानों में बाग़ों के ख़ज़ाने आये हैं

अब मेरे तलवों के नीचे की ज़मीं आज़ाद है
आसमानों से मुझे बादल बुलाने आये हैं

रेत से दरिया अटे हैं ख़ाक से झीलें पटीं
ये परिन्दे ख़ून में शायद नहाने आये हैं

ख़्वाब जिस दिल में रहा करते थे कब का मर चुका
किस का दरवाज़ा ये बच्चे खटखटाने आये हैं

इनमें रोशन हैं अभी तक तेरे बोसों के चिराग़
इसलिए हम अपनी आँखें खुद बिछाने आये हैं

आज हम सब एक बेहतर ज़िन्दगी की दौड़ में
कैसे-कैसे ख़्वाब क़ब्रों में सुलाने आये हैं

बारहा इस घर का बँटवारा हुआ और आज तक
अपने हिस्से में सदा दुख के ख़ज़ाने आये हैं

चार दुश्मन आ मिले हैं रात की छत के तले
मुद्दतों के बाद फिर अगले ज़माने आये हैं

(120)

दिल छलक उट्ठा, आँख भर आयी,
आज टी०वी० पे वो ख़बर आयी

इन मसाइल[1] में तेरी याद भी क्या,
जैसे तितली पहाड़ पर आयी

अपनी माँ की तरह उदास-उदास,
बेटी शादी के बाद घर आयी

अब तो मैं भी नज़र नहीं आता,
या खुदा कौन-सी डगर आयी

तुमने जो कुछ किया शराफ़त में,
वो निदामत[2] भी मेरे सर आई

---

1. समस्याओं 2. पश्चाताप

(121)

हमारी शोहरतों की मौत बेनाम-ओ-निशाँ होगी
न कोई तज़्किरा[1] होगा न कोई दास्ताँ होगी

अगर मैं लौटना चाहूँ तो क्या मैं लौट सकता हूँ
वो दुनिया साथ जो मेरे चली थी अब कहाँ होगी

परिन्दे अपनी मिनक़ारों[2] में सब तारे छुपा लेंगे
जवानी चार दिन की चाँदनी है फिर कहाँ होगी

दरख़्तों की ये छालें भी उतर जायेंगी पत्ते क्या
ये दुनिया धीरे-धीरे एक दिन फिर से जवाँ होगी

हवाएँ रोयेंगी सिर फोड़ लेंगी इन पहाड़ों से
कभी जब बादलों में चाँद की डोली रवाँ होगी

किसे मालूम था हम लोग इक बिस्तर पे सोयेंगे
हिफ़ाज़त के लिए तलवार अपने दरमियाँ होगी

---

1. चर्चा 2. चोंचों

पसीना बंद कमरे की उमस का जज़्ब है उसमें
हमारे तौलिये में धूप की खुशबू कहाँ होगी

किसी गुमनाम पत्थर पर बहुत से नाम लिख दोगे
तो कुर्बानी हमारी इस तरह से जाविदाँ[1] होगी

ज़मीनें तो मेरी अजदाद[2] ने सारी गँवा दी हैं
मगर ये एक मुट्ठी ख़ाक खुद अपना निशाँ होगी

समन्दर बूढ़े हो जायेंगे और इक फ़ाहिशा[3] मछली
हमारे साहिलों और जंगलों की हुक्मराँ होगी

1. शाश्वत 2. पूर्वज 3. व्यभिचारिणी

(122)

अब है टूटा-सा दिल ख़ुद से बेज़ार[1]-सा
इस हवेली में लगता था दरबार-सा

इस तरह साथ निभना है दुश्वार-सा
मैं भी तलवार-सा, तू भी तलवार-सा

ख़ूबसूरत-सी पाँवों में ज़ंजीर हो
घर में बैठा रहूँ मैं गिरफ़्तार-सा

गुड़िया गुड्डे को बेचा ख़रीदा गया
घर सजाया गया रात बाज़ार-सा

शाम तक कितने हाथों से गुज़रूँगा मैं
चायख़ानों में उर्दू के अख़बार-सा

मैं फ़रिश्तों की सोहबत के लायक नहीं
हमसफ़र कोई होता गुनहगार-सा

1. विमुख

बात क्या है कि मशहूर लोगों के घर
मौत का सोग होता है त्यौहार-सा

ज़ीना-ज़ीना उतरता हुआ आ़ईना
उसका लहजा अनोखा खनकदार-सा

वो अलीगढ़ की शामें कहाँ खो गयीं
अब वो शायर कहाँ है तरहदार-सा

अपना रंग-ए-ग़ज़ल उसके रुख़सार-सा
दिल चमकने लगा है रुख़-ए-यार-सा[1]

1. मित्र की मुखाकृति जैसा

(123)

भीगी हुई आँखों का ये मंज़र न मिलेगा
घर छोड़ के मत जाओ कहीं घर न मिलेगा

फिर याद बहुत आयेगी ज़ुल्फ़ों की घनी शाम
जब धूप में साया कोई सर पर न मिलेगा

आँसू को कभी ओस का क़तरा न समझना
ऐसा तुम्हें चाहत का समन्दर न मिलेगा

इस ख़्वाब के माहौल में बेख़्वाब हैं आँखें
जब नींद बहुत आयेगी बिस्तर न मिलेगा

ये सोच लो अब आख़िरी साया है मोहब्बत
इस दर से उठोगे तो कोई दर न मिलेगा

(124)

फूल-सी हर तस्वीर मैं ज़ेह्न की दीवारों से उतार चुका हूँ
फिर क्यों दिल में काँटा-सा रह-रह कर चुभता रहता है

मजबूरी थी सब्र किया है, पाँव को तोड़ के बैठ रहे हैं
नगरी-नगरी देख चुके हैं, दुआरे-दुआरे झाँक लिया है

इन आँखों का मतवालापन, उन होंटों की जुंबिश कम-कम
नश्शा है जो डोल रहा है, जादू है जो बोल रहा है

मुझको उन सच्ची बातों से अपने झूट बहुत प्यारे हैं
जिन सच्ची बातों से सदियों इन्सानों का खून बहा है

यारों, सोना-चाँदी बोकर सोना-चाँदी काटो, जाओ
हमने आँसू की खेती कर नैन नगर आबाद किया है

बद्र तुम्हारी फ़िक्र-ए-सुख़न पर इक अल्लामा हँसकर बोले
ये लड़का नौउम्र परिन्दा, ऊँचा उड़ना सीख रहा है

(125)

ख़फ़्ता[1] शजर लरज़ उठे जैसे कि डर गये
कुछ चाँदनी के फूल ज़मीं पर बिखर गये

शीशे का ताज सर पे रखे आ रही थी रात
टकराई हम से चाँद-सितारे बिखर गये

वो खुश्क होंट, रेत से नम माँगते रहे
जिसकी तलाश में कई दरिया गुज़र गये

चाहा था मैंने चाँद की पलकों को चूम लूँ
होंटों पे मेरे सुबह के तारे बिखर गये

1. झुका हुआ

मेरे लबों पे चाँद की क़ाशें[1] लरज़ गयीं
आँखों पे जैसे रात के गेसू बिखर गये

तलवों में नर्म धूप ने जब गुदगुदी-सी की
पलकों पे सोये चाँदनी के ख़्वाब डर गये

साहिल पे रुक गये थे ज़रा देर के लिए
आँखों से दिल में कितने समन्दर उतर गये

जिन पर लिखी हुई थी मोहब्बत की दास्ताँ
वो चाक-चाक पुर्ज़े हवा में बिखर गये

पाया जो मुस्कराते हुए कह उठी बहार
जो ज़ख़्म पिछले साल लगाये थे भर गये

1. टुकड़े

(126)

हर बेज़बान गुल में चहकने लगे हैं हम
पीसे गये तो और महकने लगे हैं हम

गुरबत[1] बुरा नशा है इसी का असर न हो
अब बात-बात पर जो बहकने लगे हैं हम

मिट्टी की बास अपने बदन की असीर[2] थी
ये तेरा कुर्ब[3] है कि महकने लगे हैं हम

दुनिया समझ रही थी कि अब राख हो चुके
कैसी हवा चला दी, दहकने लगे हैं हम

जिनकी ज़बानें कट गयीं फूलों के नाम पर
उन बुलबुलों की तरह चहकने लगे हैं हम

1. दरिद्रता 2. बन्दी 3. समीपता

(127)

ज़ख़्म यूँ मुस्कराके खिलते हैं
जैसे वो दिल को छू के गुज़रे हैं

दर्द का चाँद आँसुओं के नुजूम[1]
दिल के आँगन में आज उतरे हैं

राख के ढेर जैसे सर्द मकाँ
चाँद उन बदलियों में रहते हैं

आईनों का कोई क़सूर नहीं
उनमें अपने ही अक्स[2] होते हैं

ग़ौर से देख ख़ाक तनहा नहीं
साथ फूलों के रंग उड़ते हैं

अब शब-ए-हिज्र[3] भी नहीं आती
इन दिनों हम बहुत अकेले हैं

उनसे अहवाल-ए-शब[4] सुनो साहब
बद्र जी रात-रात घूमे हैं

---

1. तारे 2. प्रतिबिम्ब 3. विरह की रात्रि 4. रात्रि का समाचार